indayi

i

edition

Dantselog macht aus Objekten, seien es Dinge, Personen oder Ideen und Gedanken, imaginäre kompetente Partner, mit denen man reden, ihnen Befehle erteilen oder auch von ihnen Instruktionen, Lehren, Ratschläge, Lösungen, Unterstützung usw. erhalten kann.

Besuche uns im Internet:

www.indayi.de

indayi

edition

Bibliografische Information der Deutschen Nationalbibliothek:

Die Deutsche Nationalbibliothek verzeichnet diese Publikation in der Deutschen Nationalbibliografie; detaillierte bibliografische Daten sind im Internet über http://dnb.d-nb.de abrufbar.

1. Auflage März 2019

© indayi edition, Darmstadt

Gesamtleitung Lektorat, Umschlaggestaltung und Satz: Birgit Pretzsch

Lektorat: Anna Nestmann

Printed in Germany

ISBN-13: 978-3-947003-20-4

Dantse Dantse

DANTSELOG

Die revolutionäre Selbst-Dialog-Kommunikations-Technik

zum Lösen von Problemen

Teil 2: Die Dantselog-Technik

Das Dantselog-1x1 für Anfänger
Wie funktioniert Dantselog?
Der Praxisleitfaden – Schritt für Schritt dein Leben meistern

Dein Therapie- und Coaching-Buch zum Selbermachen

Über den Autor

Dantse Dantse ist gebürtiger Kameruner, hat in Deutschland studiert und lebt seit über 25 Jahren in Darmstadt. Er ist Vater von fünf Kindern, eine Art von Mensch, die man üblicherweise Lebenskünstler nennt. Unkonventionell, frei in seiner Person und in seiner Denkweise, unabhängig von Etabliertem, das er aber voll respektiert.

Als Kind lebte er mit insgesamt 25 Kindern zusammen. Sein Vater hatte drei amtlich verheiratete Frauen gleichzeitig, alle lebten in einer Anlage zusammen. Da bekommen Werte, wie Geben, Teilen, Gefühle, Liebe, Eifersucht, Geduld, Verständnis zeigen uvm. andere Akzente, als in einer sogenannten „normalen" Familie. Diese Kindheitserlebnisse, seine afrikanischen Wurzeln, der europäische Kultureinfluss auf ihn und seine jahrelangen Coachingerfahrungen lassen ihn manches anders sehen, anders handeln und anders sein, das hat etwas Erfrischendes.

Als erster Afrikaner, der in Deutschland einen Buchverlag, indayi edition, gegründet hat und als unkonventioneller Autor schreibt und veröffentlicht er gerne Bücher, die seine interkulturellen Erfahrungen widerspiegeln, Bücher über Werte und über Themen, die die Gesellschaft nicht gerne anspricht und am liebsten unter den Teppich kehrt, die aber Millionen von Menschen betreffen, wie zum Beispiel Homosexualität in Afrika, weibliche Beschneidung, Sexualität, Organhandel, Rassismus, psychische Störungen, sexueller Missbrauch usw. Er schreibt und publiziert Bücher, die das Ziel haben, etwas zu erklären, zu verändern und zu verbessern – seien es seine Ratgeber, Sachbücher, Romane, Kinderbücher oder politischen Blog-Kommentare.

Inspiriert von seinen Erkenntnissen und Kenntnissen aus Afrika, die er in vielen Lehren gelernt hat, von seinen eigenen extremen Erfahrungen und Experimenten – wie z.B. der übertriebene Aufnahme von Zucker, um die Wirkung auf die Psyche zu untersuchen – von wissenschaftlichen Studien und Forschungen und von Erfahrungen aus anderen Teilen der Welt hilft er durch sein Coaching sehr erfolgreich Frauen, Männern und Kindern in den Bereichen Ernährung, Gesundheit, Karriere, Stress, Burnout, Spiritualität, Körper, Familie und Liebe. Mit Dantse Dantse meistert man sein Leben!

Sein unverwechselbarer Schreibstil, geprägt von seiner afrikanischen und französischen Muttersprache, ist sein Erkennungsmerkmal und wurde im Text erhalten und nur behutsam lektoriert.

DantseLOGIK™
Meistere dein Leben

DantseLOGIK™
Meistere deine Beziehung

DantseLOGIK™
Meistere deine Familie

DantseLOGIK™
Meistere dein Gewicht

DantseLOGIK™
Meistere deine Gesundheit

DantseLOGIK™
Meistere deine Karriere

DantseLOGIK™
Meistere deine Kommunikation

DantseLOGIK™
Meistere deine Krise

DantseLOGIK™
Meistere deinen Stress

DantseLOGIK™
Meistere deine Männlichkeit

DantseLOGIK™
Meistere deine Weiblichkeit

Coaching, das wie Magie wirkt – das ist das Motto der

DantseLOGIK™ - Logik, die Wunder wirkt.

DantseLOGIK™ - Logik, die bewegt.

DantseLOGIK™ - Logik, die glücklich macht.

DantseLOGIK™ - Die Kraft zum Erfolg.

DantseLOGIK™ - Heilt. Wirkt. Garantiert.

Dantselog verändert dein Leben!

Karriere fördern; Gehaltserhöhung bekommen; Konkurrenten überflügeln; Stress bewältigen und Burnout verhindern; Entscheidungen und Willen Dritter positiv beeinflussen, leider auch negativ manipulieren; den eigenen Willen und eigene Wünsche durchsetzen; sportliche Höchstleistungen ohne Doping erreichen; hartnäckige psychische Beschwerden und Traumata bewältigen; Vergangenheit durchleuchten wie bei einer Hypnose; Heilung schwerer Krankheiten unterstützen; therapieresistenten Patienten endlich helfen; Depression, Bulimie, Magersucht völlig heilen; Abnehmen und Gewicht verlieren; schwierigste Lösungen finden, d.h. auch aussichtslose Probleme lösen; Liebe, Selbstbewusstsein und Selbstvertrauen stärken; bei Reden vor Menschen Sicherheit erlangen; Krisen, Blockaden und Ängste beseitigen; Trennungen abwenden und Beziehungen wieder zusammenführen; Pechsträhnen und Unglücksphasen stoppen; Mobbing, Selbstzerstörung, Wut, Trauer und Frust bewältigen; die Kontrolle über belastende Situationen erlangen; sexuelle Kraft und Potenz erhöhen, d.h. Impotenz und sexuelle Schwäche bekämpfen; Leistung und Motivation steigern; Gedächtnis trainieren; Konzentration stärken; Amnesie rückgängig machen und das Vergessene auch aus der Kindheit zurückholen, um so zum Beispiel Missbrauchsfälle zu erkennen und vieles mehr.

Was ist Dantselog?

Finde endlich die richtige Lösung, heile dich selbst und erreiche deine gewünschten Ziele. Auch du kannst Wunder herbeiführen. Die Kunst zu haben, zu erreichen, was du willst, wann du willst, wie du willst.

Dantselog ist eine Technik der strukturierten bewussten und kontrollierten Selbstanweisungen in speziellen Gesprächen mit sich, um ein bestimmtes gewolltes oder gewünschtes Ziel zu erreichen. Solche Selbstanweisungen gehen in Geist, Fleisch und Blut über und können Wunder hervorrufen.

Dantseloger, deine fiktiven Gesprächspartner, helfen, imaginäre soziale, private, berufliche, persönliche und gesundheitliche Interaktionen und Handlungen zu simulieren, als ob diese real wären. Sie sollen dir helfen, Probleme, Fehler, Ursachen und Gründe zu identifizieren und zu lokalisieren, Situationen zu analysieren, zuerkennen, zu verstehen, zu ver- oder aufzuarbeiten, Vorkehrungen zu treffen und am Ende Lösungen zu finden. **Denn bei Dantselog geht es immer um Lösungen.**

In Dantselogen lässt du zum Beispiel eine real bevorstehende oder auch aktuelle Situation im Kopf oder auf dem Papier in einer live-Theater ähnlichen Form mit den verschiedenen Akteuren entstehen. **Dabei imitierst du, wie alles wirklich wäre.** Du stellst dir vor, wie eine anstehende Verhandlung, Prüfung, Besprechung, Vorstellung, Verkaufsaktion verlaufen und welche Fragen (wer, wie) stellen könnte. **So skizzierst du Wege und Lösungen, um deine Ziele erfolgreich zu erreichen.**

Möglich wäre auch, dir einen aktuellen Streit auf der Arbeit, eine **psychische Belastung oder eine Krankheit**, die du beseitigen willst, vorzustellen. Die Wahl der Akteure unterliegt dabei keinen Grenzen. Je nachdem, was ist und was du erreichen oder beseitigen willst, können die erschaffenen Akteure Arbeitgeber, Partner, Eltern, Kinder, Kunden, Nachbarn, auch Dinge wie Autos, Kleidung oder Krankheiten usw. sein. Du kannst zum Beispiel **Kopfschmerzen als Akteur** darstellen, um mit ihnen in Dialog zu kommen und sie zu eliminieren.

Dantseloge können auch wie (Selbst)Hypnose funktionieren, aber in einem bewussten Wachzustand. So helfen sie, **Verdrängtes und Vergessenes weit aus der tiefen Kindheit wieder in Gedächtnis zu holen.** So halten Dantseloge das Vergangene wach, um bestimmte Erkenntnisse herauszuziehen, die für aktuelle und zukünftige Situationen hilfreich erscheinen.

Selbstheilung durch Dantselog: Eine revolutionäre Heilmethode mit einfachen Selbstgesprächstechniken und Logik, eine passende Ergänzung zu allen Formen der Therapie. Denn Dantselog schließt eine schulmedizinische Behandlung nicht aus, sondern kann hervorragend ergänzend eingesetzt werden.

Dantselogie kannst du bei allen gängigen Therapien anwenden. Egal, ob du dich einer medizinischen Behandlung unterziehst oder einen alternativen Weg gehst, du findest in Dantselog einen wichtigen Erfolgspartner, um gesund zu werden. **Dantselogie unterstützt alle Coaching- und Therapiemethoden** zur Persönlichkeitsentwicklung, der beruflichen oder privaten

Entwicklung. Du brauchst deinen Arzt, Therapeuten, Berater oder Coach nicht verlassen, um dir die Dantselog-Lehre anzueignen.

Ein positiver Nebeneffekt von Dantselog ist, dass er dir hilft, dir **Zeit für dich** zu nehmen, um Kontakt zu dir selbst herzustellen. Dantselog führt zur **mehr Achtsamkeit** im Kontakt zu dir selbst. Du lernst dich selbst besser kennen und dich so zu akzeptieren, wie du bist.

> # DAS STÄRKT DEINE SELBSTLIEBE UND DEIN SELBSTVERTRAUEN. DU WIRST SELBSTBEWUSSTER UND SICHERER.

Nun weißt du schon ein wenig, worum es in Dantselog geht. Bevor ich das weiter vertiefe, liest du nun die Erklärung, wie diese Logik entstanden ist und welche **Philosophie meiner Lehre** zugrunde liegt.

Die Besonderheit meiner Bücher und meiner Wissenslogik: Warum helfen meine Bücher so sehr?

Alleinstellungsmerkmal: Meine Bücher sind nicht konventionell wissenschaftlich, sondern natürlich

Direkt auf den Punkt kommen, ohne das Buch durch viele Fachbegriffen aufzubauschen, im Versuch es aufzuwerten. Das ist es, was meine Leser wollen. Sie wollen Tipps, die man sofort anwenden kann, ohne dass man beim Lesen selbst schon wieder Stress hat den Inhalt zu verstehen. Die meisten Menschen wissen selbst schon sehr gut, was mit ihnen los ist, an welcher Krankheit sie leiden. Was ihnen fehlt, sind **Lösungen, die wirklich helfen** können. Sie wollen praktische Bücher und weniger Erklärungen, Definitionen und wissenschaftliche Studien, die man heute mit Google überall lesen kann (viele davon sind sowieso manipuliert – lies das Kapitel. „Das Geschäft mit den wissenschaftlichen Studien"). Da ich kein Arzt bin, passt diese Bitte und dieser Wunsch meiner Leser sehr gut zu meiner Philosophie:

Bücher, die wie Sofort-Medikamenten sind!

Meine Bücher sind wie sofort wirkende Medikamente oder Therapien - warum?

Ich werde dich in diesem Buch nicht belästigen mit vielen Fachbegriffen, komplizierten wissenschaftliche Demonstrationen, Beweisen, Erklärungen und Zusammenhängen, die viele Autoren benutzen, um ihre Bücher aufzuwerten. Wenn du zu einem behandelnden Therapeuten gehst (sei er Schulmediziner oder alternativer Heiler), interessieren dich weniger die wissenschaftlichen Studien oder Fachpublikationen über eine Krankheit, die du hast oder vor der du dich schützen willst. Dich bringt es weiter, dass der Arzt/Heiler das richtige für dich tut, damit du geheilt oder geschützt bist, ohne dass er dich mit vielen Erklärungen noch mehr durcheinanderbringt. Deswegen nennt man den Ort, an dem sie dich behandeln, „Praxis". Das ist griechischen Ursprungs und bedeutet *Tat, Handlung, Verrichtung*, aber auch *Durchführung, Vollendung und nicht Diskussion, Gerede, Schule, Lernen* usw… Ja, es geht darum, dass du dort bekommst, was dir hilft.

> **GENAUSO SIND MEINE BÜCHER. SIE KOMMEN BEI DEN LESERN GUT AN, WEIL ICH IN EINER „EINFACHEN" UND DEUTLICHEN SPRACHE BEDEUTENDES WISSEN ZUR VERFÜGUNG STELLE, DAS IHNEN DIREKT HILFT.**

Zum Beispiel schrieb mir eine Leserin mit einem total kaputten Immunsystem, dass sie die Sauce DIFO – DANTSE IMMUN FORTE aus meinem Buch „Am Anfang war der Darm" (ISBN 978-3-947003-12-9) verwendet habe und ihr Immunsystem innerhalb von 3 Wochen viel stabiler geworden sei. Das bestätig, dass es richtig ist, dass ich allen Menschen diese Gesundheitsinformationen zur Verfügung stelle. Wenn ich der Meinung bin, dass Quelleangaben wichtig sind, dann nenne ich die Quellen. Aber im Allgemeinen sind sie mir nicht wichtig, weil viel von dem Wissen, das ich hier weitergebe, kann ich nicht wissenschaftlich belegen. Ich habe es bei meinen Lehren in Afrika und auf anderen Wegen gewonnen. Nicht umsonst suchen mich immer öfter Fachleute auf, um das eine oder das andere von mir zu lernen, weil sie es in einem meiner Bücher gelesen haben oder ihre Patienten voller Begeisterung über mich gesprochen haben.

In diesem Sinne sind meine Bücher zu verstehen und zu „verkosten". Wer wirklich tiefer und wissenschaftlicher in ein Thema einsteigen möchte, kann dies gerne mit anderen Büchern von Fachautoren tun. Dort bekommt man dann detaillierte wissenschaftliche Erkenntnisse.

> **AUS DIESER LOGIK HABE ICH MICH NUN ENTSCHIEDEN EINE GANZE REIHE VON BÜCHERN ZUR SELBSTHEILUNG ZU SCHREIBEN, DIE ICH „SELBSTHEILUNG MIT DEM CHARME DER DANTSELOGIK" NENNE.**

DantseLogik:
Es gibt keine Wunder, keine Magie, sondern nur Phänomene, deren Ablauf wir nicht verstehen

Wie zu jedem Topf ein Deckel passt, so gibt zu jedem Problem immer eine Lösung.

DantseLogik – die Welt der Lösungen:

DantseLogik – Logik, die Wunder wirkt.

DantseLogik – Logik, die bewegt.

DantseLogik – Logik, die glücklich macht.

DantseLogik – die Kraft zum Erfolg.

DantseLogik – heilt. Wirkt. Garantiert.

DantseLogik – berührt Herzen.

DantseLogik – öffnet die Augen.

DantseLogik – erweitert den Horizont.

DantseLogik – beeinflusst das Leben.

DantseLogik – löst Probleme.

DantseLogik – beseitigt Sorgen und Ängste.

DantseLogik – macht glücklich.

DantseLogik – sieht in allem die Möglichkeiten, das Gute, die „Chance".

DantseLogik ist die Lehre, nach der alles zusammenhängt, nichts zufällig ist, alles eine logische Erklärung hat, die wir nur manchmal nicht imstande sind zu verstehen. Findet man die Logik hinter einer Sache, lässt dies die Macht, welche diese Sache über uns hat, verschwinden und Lösungen kommen nun einfacher bzw. können einfacher gefunden oder gesehen werden. DantseLogik ist eine Logik, die dich und die Welt der Lösungen verändert. Alles was dir passiert, konkurriert nur um dein Wohlergehen.

Wissen vertreibt Wunderglaube, da Wissen Wahrheit ist

Die DantseLogik ist die gesamte Logik meiner Lehre, meiner Philosophie, die zeigt, wie man durch Logik Dinge und Phänomene, die als Wunder bezeichnet werden, entzaubert und die Struktur und Logik dahinter versteht. Viele Menschen glauben an **Magie oder an Wunder**: DantseLogik, die von mir entwickelte therapeutische Lehre, demonstriert, dass es aber keine Wunder, keine Magie, keine Zauberei gibt, sondern nur Dinge, deren Vorgang die große Mehrheit von uns nicht imstande sind zu verstehen, weil wir das nötige Wissen nicht haben.

DantseLogik ist eine Lehre des Wissens, nach der alles zusammenhängt und mit dem Umfeld und der Umwelt verbunden ist. Nichts passiert isoliert, zufällig oder einfach so. Alles hat eine logische (biologische, mathematische, physikalische, spirituelle) Erklärung. DantseLogik macht es möglich, dass du **dich selbst therapieren und coachen kannst** und Erfolge erreichst, die man als unmöglich abgestempelt hätte. DantseLogik lässt dich „unmögliche" Ergebnisse schaffen, weil du nicht weißt, dass sie unmöglich sind. Gerade, weil du nicht mehr weißt, dass es unmöglich ist, wird alles auf einmal möglich. Weil du nicht weißt, dass es unmöglich ist, tust du es einfach und schaffst es auch.

> **DantseLogik lässt dich „unmögliche" Ergebnisse schaffen, weil du nicht denkst, dass sie unmöglich sind. Und weil du nicht denkst, dass es unmöglich ist, machst du es einfach und schaffst es auch!**

Erschaffe dir das, was du brauchst und du hast es.
Gott hat uns dazu befähigt. Wir haben die Fähigkeit, zu bekommen, was wir wollen, wann wir wollen, wenn wir alle unsere inneren Ressourcen abrufen können. Diese Zusage hat uns Gott persönlich gegeben.

Es steht in der **Bibel**, dass Gott den Menschen nach seinem Bild geschaffen hat. Ich sehe in diesem Bekenntnis ein spirituelles, ein energetisches Bild. Es bedeutet:

> **Wenn der Mensch nach dem Bild Gottes geschaffen ist, dann kann er auch viele Dinge, die Gott kann und die wir Wunder nennen.**

Ab dieser Erkenntnis sind diese Dinge keine Wunder mehr, sondern Realität. Zum Beispiel kann Gott sich zwischen den Dimensionen bewegen und sich an verschiedenen Orten aufhalten. Der Mensch kann das auch. Manche, die das Wissen dazu haben, tun das jeden Tag, aber **wir nennen es fälschlicherweise Magie.**

Jesus sagt in Johannes 8:32:

> **„Ihr werdet die Wahrheit erkennen, und die Wahrheit wird euch frei machen."**

Auf Englisch heißt es:

„You will know the truth, and the truth will set you free."

Und auf Französisch:

„Vous connaîtrez la vérité, et la vérité vous affranchira."

Wahrheit ist das höchste Wissen, absolutes Wissen. Dann würde ich den Satz Jesu auch so verstehen können:

„Ihr werdet das Wissen erkennen und das Wissen wird euch frei machen."

Wissen befreit von Wunder und Magieglaube.

Gott kann uns sehen und mit uns reden, ohne technische Geräte zu benötigen, er weiß, was wir denken, ohne uns zu fragen, er kann uns nur durch seine Energie, seine Liebe, sein Wort heilen. Wie können wir dann ähnliche Taten, wenn sie von Menschen ausgeführt werden, Magie nennen? Wunder? Wenn der, der uns geschaffen hat, all das kann und uns gesagt hat, er hat uns nach seinem Abbild geschaffen? Wenn du weißt, wie es geht, kannst du ohne Geräte fliegen oder kommunizieren (auditiv, visuell usw.), **du kannst ohne Medikamente heilen**, du kannst, wie Gott gesagt hat, Berge durch deinen Glauben versetzen. Und hier können wir das Wort „Glauben" durch das Wort „Wissen" ersetzen.

> **Damit wollte Gott den Menschen klarmachen, welche bombastischen Fähigkeiten er (Gott) in ihn (den Menschen) gesteckt hat, damit er fast alles schafft und erreicht, was er will, wenn er nur daran arbeitet.**

Gott öffnet sich uns und zeigt uns alles, was möglich ist. Indem er es selbst vormacht, zeigt er uns den Weg, damit wir es auch schaffen können wie er, denn wir sind sein Abbild. Aber **durch unsere Art zu denken, haben wir uns selbst Berge vor der Tür gebaut**. Wir haben uns selbst blind gemacht. Wir haben in unserem Kopf das Wort **„UNMÖGLICH"** eingepflanzt und vertrauen nur noch auf einen Bruchteil dessen, was wir eigentlich können.

Die sehr wenigen Menschen, die das verstanden haben, regieren die Welt. Ein paar hundert, tausend Menschen, die um das unerschöpfliche Wissen wissen, regieren über das Leben von Milliarden Menschen und bestätigen somit das Gesetz Gottes, der Menschen mit den Fähigkeiten erschaffen hat, über alles zu herrschen. Ja, tatsächlich tun dies nur ein paar Menschen. **Du selbst könntest es tun.** Du hast diese Möglichkeit. Sie liegt in allen Menschen. Du musst sie nicht erfinden (denn niemand erfindet), **du musst es nur entdecken in dir.**

Das bedeutet, nur wenige intelligente Menschen glauben an „Magie", an „Wunder". Oder besser gesagt, wer nicht an Dinge glaubt, nur weil er sie nicht erklären kann, weil er sie nicht versteht, ist wenig intelligent.

Das ist eine rein logische Denkweise und darauf ist meine ganze Lehre aufgebaut, die ich **DantseLogik** nenne. Alles ist Logik, sobald du verstehst, wie es (ab)läuft.

> **Ich bin kein Arzt, aber ich heile.**
> **Ich bin kein Heilpraktiker, aber ich heile.**
> **Ich bin kein Techniker,**
> **aber ich repariere technische Geräte.**
> **Ich bin kein Wirtschaftsberater,**
> **aber ich rette Firmen.**
> **Ich bin kein Psychiater, aber ich beseitige**
> **hartnäckige psychische Probleme.**

Ich bringe Menschen vorwärts und bringe sie zu „unmöglichen" Veränderungen bis hin zu neuen, höheren Bewusstseinszuständen, obwohl ich kein Geistlicher bin. All das ohne Medikamente, ohne magische Amulette. Ich stelle kein Heilmittel her, ich mische keine Kräutertinkturen, die ich verabreiche, ich gehe nicht jeden Tag in die Kirche. **Alles, was ich schaffe, ist möglich, weil ich die Logik hinter den Dingen immer tiefer und besser verstehe.** Die Menschen, die mir begegnen sind erstaunt, wie ich vieles sehe, erkenne, verstehe und dass ich in wenigen Minuten Lösungen finde, wo sie manchmal 15 Jahre Therapie umsonst gemacht haben. Manche heilsamen Veränderungen erscheinen fast sofort.

Viele kommen und **erwarten, dass ich Magie praktiziere**, dass ich magische Wörter benutze, dass ich ihnen von mir gemischte Heilmittel gebe. **Aber sie finden nichts als eine Logik.** Eine Logik, die Zusammenhänge, Abläufe, Verbindungen erkennen lässt. **Diese Logik heilt nicht, sondern bringt den Menschen dazu, sich selbst zu heilen.** Diese Logik schafft, dass du die Fähigkeiten in dir aufdeckst und nun selbst dein „Wunder" erschaffst, wie Gott dich auch erschaffen hat. Du musst es nur erschaffen und so die Macht über das, was du erschaffen hast erlangen.

**Erschaffe dir deine Heilung
und du bist geheilt.**

**Erschaffe dir dein Glück
und du bist glücklich.**

**Erschaffe dir dein Geld
und du bist reich.**

**Erschaffe dir die Liebe
und du wirst geliebt.**

**Erschaffe dir den Erfolg
und du bist erfolgreich.**

Das ist DantseLogik, die Logik des Erschaffens. Die Logik, die dich dazu bringt, alles zu erschaffen, was du willst.

Diese Logik erklärte ich auch einem Mann, der mich aufsuchte, weil er Probleme hatte. **Ein Beispiel aus der Praxis:**

Der 28jährige türkische Mann kam vor einigen Jahren zu mir, um sich beraten zu lassen. Er hatte gehört, dass ich, wie er sagte, „Wunder" vollbringe. Wir trafen uns eines Morgens im Sommer 2014 und gingen gemeinsam joggen. Ich erklärte ihm zuerst, dass nur Gott und die Propheten Wunder vollbringen konnten. Aber ich bin weder das eine noch das andere. Für mich als Menschen gibt es kein Wunder. Es gibt nur Phänomene, die wir nicht verstehen. Wir verstehen sie nicht, nicht weil sie nicht logisch sind, sondern weil wir sie nicht verstehen *können*, genauso wie Geometrie für ein Kindergartenkind Magie und Wunder ist. Weil das Kind die Lehre der 7. Klasse noch nicht versteht,

bedeutete das für es, dass es so etwas nicht gibt. Für das Kind sind es Spinnereien, die es da auf dem Papier sieht. Wenn das Kind dann aber in der 7. Klasse ist und Geometrie lernt, wird sie auf einmal zu einem normalen, völlig logischen Vorgang. Und das Kind vergisst, dass es dieses Wissen und diese Realität noch vor 5 oder 6 Jahren als Spinnerei abgetan hatte. So erklärte ich es dem jungen Geschäftsmann. Wie diese Geschichte weitergeht, kannst du unter dem Titel *„100 Stück am Tag? Unmöglich! Ich schaffe es nicht einmal, 10 Stück im Monat zu verkaufen!* Dann sah er das Wunder!" in diesem Buch nachlesen, das im Dezember 2018 erscheint:
„Dinge passieren nicht einfach so…"
(ISBN 978-3-947003-22-8)

Wir sind oft nicht imstande, Dinge zu verstehen, weil wir unser Gehirnvermögen nur auf das Sichtbare, das Rationale, das Physische reduziert haben. Das ist, als würde man von einem Geldstück nur eine Seite betrachten und ignorieren, dass es auf der anderen Seite auch noch etwas gibt. Dadurch haben wir uns selbst verdummt. **Wir haben unsere Intelligenz stark reduziert und nutzen deswegen nur einen kleinen Teil unseres Gehirnvermögens.** Alle Menschen, die diese Welt geprägt haben, sind über ihre rationale Intelligenz gegangen und haben gewusst, wie sie das, was andere nicht sehen materialisieren können.

Es gibt nichts, was es noch nicht gab, sei es nur als Idee, als Energie. Deswegen gibt es Menschen in verschiedenen Teilen der Welt, die sich nicht kennen, die aber im gleichen Moment an dieselbe Entdeckung denken und daran arbeiten. Ich nenne diesen Vorgang nicht *Erfindung*, denn sie erfinden nichts, alles gibt es schon, deswegen konnten sie einfach *empfangen* und *entdecken*. Wie bei der Entstehung eines Kindes: Eine Frau *gebärt* ein Kind, aber sie hat es nicht erfunden.

Genauso ist es mit Dingen, die wir Wunder, Magie nennen. **Alles hat eine logische und mathematische Erklärung**, die man ganz einfach versteht, sobald man das richtige Wissen dafür bekommen hat. Hätte man uns vor Jahrzehnten von Smartphones erzählt, mit denen man ohne Schnur telefonieren und gleichzeitig die Person auch noch sehen kann, hätte niemand daran geglaubt. Es wäre pure afrikanische Magie, Voodoo gewesen, wie ein Franzose in den 70er Jahren zu meinem Vater sagte.

Wir lebten damals in Ostkamerun und mein Vater war ein regionaler Präfekt, der Franzose war Ingenieur bei einer Holzfirma. Der Franzose verbrachte sehr viel Zeit bei uns mit meinem Vater und sie tauschten sich sehr intensiv über **philosophische Themen** aus. Dabei kamen sie auch auf Themen wie Magie oder Voodoo. Mein Vater erzählte ihm von den Fähigkeiten seiner Urgroßeltern. Sie konnten ohne Schnur telefonieren und sich dabei sogar gegenseitig sehen. Mein Vater sagte, dass diese Technik wiederkommen werde. Der Franzose sagte ihm, dass „ja im Voodoo, alles möglich ist", und machte sich lustig über ihn. Und heute ist diese „Voodoo" so normal, dass niemand sich fragt, wie es funktioniert. Alles, was wir nicht kennen, nicht können, nicht verstehen ist für uns zuerst unmöglich und wird als magisch abgestempelt.

 Es gibt keine Wunder, keine Magie, außer du willst das so bezeichnen. Das zeigt die DantseLogik. DantseLogik bringt dich dazu, dir Dinge zu ermöglichen, die wir Menschen als unmöglich, nicht machbar gelernt haben. Aber Gott ermöglicht uns kostenlos, all dies zu können. Wir haben die Fähigkeit, zu bekommen, was wir wollen, wann wir es wollen, wenn wir auf alle unseren inneren Ressourcen zugreifen können.

Der sehr fleißige türkische Mann traf sich übrigens häufiger mit mir, erzählte mir seinen Wunsch und bat mich, ihm zu helfen, diesen Wunsch zu realisieren. Ich sagte ihm immer, dass er auf gutem Wege wäre, und dass seinem Wunsch normalerweise entsprochen würde, wenn es das wäre, was ihn und die Menschen um ihn glücklich machen könnte. Er müsse nur sehr aufmerksam sein, um die Zeichen Gottes (bzw., für Leute, die den Name Gottes nicht hören wollen: die Zeichen seines unsichtbaren Beschützers), zu erkennen und anzunehmen und den Mut haben, diese sofort umzusetzen.

In meinem Buch **DANTSELOG – Die revolutionäre Selbst-Dialog-Kommunikations-Technik zum Lösen von Problemen. Teil 1: Die Dantselog-Lehre** (ISBN 978-3-947003-26-6) lernst du, wie du „Wunder" nur durch innovative Selbstgespräche ermöglichen kannst.

Warum lässt man uns an Magie glauben?

Besonders in Afrika, während meiner Forschungen und Lehren, aber auch bei meinen Recherchen in vielen Wissenslogen Europas habe ich Dinge gesehen, die man uns als **Magie und Wunder** verkauft, deren Entstehen aber zu 100% nach einem ganz normalen logischen Prozess des Wissens abläuft. Viele Dinge, die wir – auch ich – Magie nennen, sind **einfache, logische Prozesse**, die jeder von uns durchführen kann, wenn wir wüssten, wie es geht, das bedeutet, wenn wir es gelernt haben.

Es ist kein Zufall, dass man die Menschen im Glauben an Wunder und Magie lässt. Das schafft ein **Mysterium-Denken**. Um dieses Mysterium zu bewahren, muss der Wunder und Magie-Glaube unterhalten und ihm freier Lauf gelassen werden. All das verfolgt mehrere Ziele, wobei das wichtigste ist, die **Kontrolle über die Menschen** zu behalten.

Der Glaube an Wunder oder Magie lässt Menschen, die Macht haben und über andere Menschen entscheiden, die volle Freiheit, ihre Pläne für **totale Macht, Manipulation und Kontrolle** (Selbstbewusstsein, Denken, Gefühle, Persönlichkeit usw.), aufzustellen und auszuführen. Das Verbreiten vom Glauben des Geheimnisses lässt Raum für alle Glaubensrichtungen sowie Religionen, Sekten usw., dass sie ihre **dogmatischen, trügerischen, phantasmagorischen und unlogischen Lehren** als mystisch darstellen und sie durchsetzen können. Diese Erkenntnis zu verbergen und Wunder und Magieglaube zu fördern lässt zu, dass mächtige Menschen und Institutionen Unwissenheit, Lüge, Dummheiten verbreiten, dass sie lügen, um Menschen geschickt zu manipulieren. Dieser Obskurantismus führt zum Auftauchen von Logen, Sekten, Gurus, Demagogen in der ganzen Welt und es ist für jeden Geschmack etwas dabei. **Jeder gewinnt** etwas dabei: die **Politik**, die immer als Ziel hatte Menschen zu führen, sie so zu orientieren, dass sie sich kaum noch den Entscheidungen von oben widersetzen. Es ist ein Gewinn für die **Wirtschaft und Wissenschaft**, die dann zufällig irgendwann viele dieser Geheimnisse patentieren, sich Ruhm, gesellschaftliches Ansehen sichern und den „Wunderglaube" zu Geld machen. Auch **Sekten und Gurus** profitieren davon, von diesen verlorenen Menschen, die ihre Seele suchen.

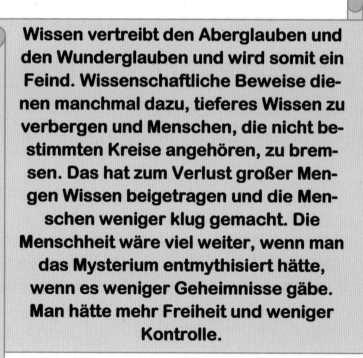

Wissen vertreibt den Aberglauben und den Wunderglauben und wird somit ein Feind. Wissenschaftliche Beweise dienen manchmal dazu, tieferes Wissen zu verbergen und Menschen, die nicht bestimmten Kreise angehören, zu bremsen. Das hat zum Verlust großer Mengen Wissen beigetragen und die Menschen weniger klug gemacht. Die Menschheit wäre viel weiter, wenn man das Mysterium entmythisiert hätte, wenn es weniger Geheimnisse gäbe. Man hätte mehr Freiheit und weniger Kontrolle.

Die Formel der inneren geistigen Einstellung: Das magische DantseLogik Erfolgsgesetz für eine positive mentale Einstellung

Alles was dir passiert konkurriert nur zu deinem Wohlergehen. Nichts ist gegen dich, alles ist für dich.

Es gibt wahrlich eine höhere Macht (Gott für mich, etwas anderes für andere Menschen), die über uns wacht und immer alles daransetzt, dass es uns gut geht. Diese innerliche mentale Annahme ist das Beste, was du für dich tun kannst, um dein Leben zu erleichtern, es ohne, bzw. mit wenig, Angst und Sorge zu leben. Das ist eine aktive mentale Einstellung. Eine mentale Einstellung die hilft, heilt, Lösungen findet, Frieden bringt, Angst und Sorge sowie Druck und Blockaden beseitigt, zuversichtlich und selbstbewusst macht. Und vor allem, eine Einstellung die dir **FREIHEIT** und **LIEBE** ermöglicht.

**FREIHEIT und LIEBE
sind die größte Güte, die Gott uns gratis
(aber nicht umsonst) gegeben hat.**

DIE MAGISCHE DantseLogik ERFOLGSFORMEL

„Alles und alle um mich herum und in mir tragen dazu bei, dass ich mein Ziel erfolgreich erreiche und glücklich bin.

Alles, was mir passiert, trägt zu meiner Gesundheit, Befreiung, Freiheit, meinem Erfolg und Glücklichsein bei.

So war es immer gewesen, so ist es immer geplant worden, auch diesmal wird es so sein, so wird es geschehen, so ist es geschehen, so sei es. Danke!"

Diese Formel ist das A und O für deinen Erfolg. Du sollst daran **fest glauben und festhalten**. Dabei ist es egal was passiert, weil dieses Gesetz die Wahrheit ist. Sogar **deine Feinde helfen dir, dein Ziel zu erreichen**, ohne es zu wissen. Auch was wir Unglück nennen passiert nicht ohne Grund: Ein Schmerz will dir sagen, dass etwas zu ändern ist. Übergewicht will dir sagen, dass du dich schlecht ernährst. Diabetes will dir sagen, dass dein Körper überzuckert und überfettet ist.

Alles was dir passiert, auch Unglück und Pech, **konkurrieren zu deinem Wohlergehen**, jetzt oder später. Dieses Gesetz ist die Wahrheit, kein anderes Gesetz kann dieses **göttliche Gesetz** ersetzen oder verändern oder ergänzen. Es findet sich versteckt in der Bibel:

> **WIR WISSEN ABER, DASS DENEN, DIE GOTT LIEBEN, ALLE DINGE ZUM BESTEN DIENEN, DENEN, DIE NACH DEM VORSATZ BERUFEN SIND.**
> **RÖMER 8:28**

Alles, wirklich alles, was mit uns passiert, ist **immer eine positive Mitteilung**. Nur die Deutung durch uns kann diese Mitteilung zu etwas Negativem machen. Da dieses Gesetz eine Wahrheit ist, ist es automatisch eine **Kraft und transportiert somit Energie**, die auf alle anderen Handlungen positiv wirken. Der Glaube daran kann nur noch eines mit sich bringen: **deinen Erfolg**.

Diese mentale Einstellung wird dich **mit dem Guten synchronisieren**. Es kommen nur Dinge zu dir, die am Ende positive (Aus-)Wirkung haben. Diese Wahrheit ist so stark, dass man sie in der Erziehung der Kinder als einen zentralen Punkt übernehmen müsste. Ein Mensch mit so einer mentalen Einstellung ist automatisch ein **Gewinner**. Nicht, dass er nicht erlebt, was wir Menschen Niederlage, Scheitern, Schwierigkeit nennen, sondern, weil sie ihm keine Angst mehr machen, keine Macht über ihn haben und ihm keine Energie entziehen. **Er weiß, dass alles gut wird** und deswegen ist er auch auf dieses Gute fokussiert. Das führt dazu, dass er so handelt und sich so verhält, dass dieses Gute tatsächlich zu ihm kommt. Er ist mit dem Guten synchronisiert.

> **Synchronisiere deine Gedanken mit dem Guten und dem Positiven in allen Dingen und das Gute wird dich verfolgen.**
>
> **DU WIRST NIEMALS EIN VERSAGER, EIN VERLIERER SEIN, EGAL WAS PASSIERT. DU BLEIBST FÜR IMMER EIN GEWINNER, AUCH WENN DU VOR SCHMERZEN WEINST.**

Jedesmal, wenn du unsicher bist, wenn du zweifelst, wenn etwas dir Angst und Sorge macht, wenn etwas Schmerzhaftes passiert, wenn du krank bist, wenn du gemobbt wirst, wenn ein „Unglück" passiert, wenn du eine „Niederlage" erleidest, wenn du scheiterst oder versagst oder wenn du verlassen bist, sage dir einfach dieses Erfolgsgesetz auf und glaube fest daran und du wirst sehen, was mit dir passiert.

Die DantseLogik-Lehre: Sei immer Täter, um dich zu heilen und zu befreien

Sei in allen Situationen und bei allem, was dir passiert immer der Täter bzw. nimm immer die Täterrolle ein. Sei bei einer Tat niemals, auch wenn sie gegen dich gerichtet ist, das Opfer, sondern der **Autor deines Wohlergehens**, der Autor deines glücklichen Endes.

> **DIESE EINSTELLUNG, DIE DIE MEISTEN VON UNS ALS „UNFAIR ODER „UNGERECHT" BEZEICHNEN WERDEN, IST EINE DER BESTEN THERAPIE, DIE ES GIBT. DAMIT KANNST DU AUCH SCHLIMME KRANKHEITEN UND TRAUMATA HEILEN ODER BEKÄMPFEN.**

Das **Opfer** einer Tat ist wahrscheinlich an seiner persönlichen zukünftigen Zerstörung **schuldiger** als der echte Täter selbst, wenn es als Opfer mit dem wahren Täter in Verbindung steht. Als Opfer **übergibst du dem Täter die Macht** über dich und über das Geschehen, was die Tat mit dir machen soll. Denn in einer solchen Verbindung hängt die (Opfer-) Befreiung oder Heilung sehr häufig von der Art ab, wie man diesen schuldigen Täter behandelt hat. Damit ist das **Opfer emotional abhängig vom Täter** und ist somit (auch energetisch) Gefangener von ihm. Viele Menschen fühlen sich schließlich befreit, wenn ein Täter entweder identifiziert oder verhaftetet wurde oder gestanden hat und verurteilt wurde oder er Details über seine Tat preisgibt. Das heißt, wenn du Opfer bist oder in der Opferrolle bleibst, wirst du **Sklave oder Gefangener des wahren Täters,** der dich bindet. So wirst du am Ende gegen dich selbst der Täter deines Schmerzes und Leidens sein und nicht mehr die ursprüngliche Tat und ihr Urheber.

Von dem Moment an, an dem du akzeptierst, dass etwas nicht zufällig passiert ist, dass es passieren musste und deswegen einen **Sinn hat und zu etwas Positivem beitragen kann** (auch wenn du noch nicht weißt wie), siehst du die Möglichkeiten, alles zu deinen Gunsten oder zu deinem Besten nutzen zu können. Auf einmal wirst du mit dieser Denklogik aus der DantseLogik zum **Meister und Autor (Urheber) des Weges,** den du, verschuldet durch die Handlungen anderer, gehen wirst. Du bist nun derjenige, der entscheidet, wie es weitergeht, welche Richtung die erlebte Tat nimmt, welche Handlung zu ergreifen ist, welche Macht diese Tat auf dich haben wird oder nicht.

> # DU ÜBERLÄSST DER NATUR DIE MACHT ÜBER DEN WAHREN TÄTER UND SEINE TAT UND DU ÜBERNIMMST DIE MACHT ÜBER DIE FOLGEN DER TAT AUF DICH. ES GIBT KEINE BESSERE GESTE ZUR SELBSTLIEBE UND ZUM SELBSTSCHUTZ.

Wenn du dich weigerst, der Autor zu sein (nicht der Schuldige), bist du dir selbst undankbar. Du tust nicht etwa Gutes für den Täter, indem du ihn in den Mittelpunkt des Geschehens stellst, ihn ständig verurteilst, dich ständig über ihn ärgerst, du tust dir etwas Gutes, wenn du **seine Macht über dich auf null reduzierst**, ihn ignorierst, seine Entschuldigung nicht brauchst (denn du hast ihm schon verziehen). Als Täter bist du dir selbst dankbar, denn **du entscheidest allein**, wie du die Tat verarbeiten wirst und wie du sie zu einem guten Ende für dich bringen könntest.

Obwohl wir alle **das Recht** haben (und das ist auch gesund so) **auch mal deprimiert zu sein**, zu weinen, traurig zu sein, zu jammern und uns zu beklagen, schlapp und faul zu sein, Ungerechtigkeit oder schlechte Behandlung uns gegenüber anzuprangern und gegebenenfalls zu bekämpfen, ist es aber viel wichtiger zu wissen, wann dies unsere Sicht auf das Leben negativ beeinflusst. Du musst dir immer sagen, dass du nicht der einzige mit den Problemen bist, aber **du kannst nur Dinge ändern, wenn du handelst**.

Opfer sein und bleiben macht dich abhängig vom Täter und am Ende bist du Täter deiner Schmerzen aus dem Geschehen. Selber zum „Täter" (Autor) werden, das macht dich unabhängig und mächtig. Es lässt dir die Macht, selbst zu entscheiden, wie die Auswirkung einer Tat auf dich positiv sein wird.

Aus einer Tat gegen dich wird eine Chance für dich.

Sei niemals Opfer. Opfer sein bedeutet, dass der andere oder die Sache, die Situation die Macht über dich hat und dann deine Reaktion und deine Gefühle bestimmt. **Wenn du Opfer einer Person bist und es bleibst** (auch wenn sie dir tatsächlich und bewiesenermaßen geschadet hat), **gibst du ihr die Macht** gleich mit. Das heißt, du hast nicht mehr die Macht, die Kraft und die Motivation etwas zu ändern bzw. Veränderungen herbeizuführen. Du gibst das Kommando und Lenkrad zur Veränderung an diese Person oder Sache ab. Du bist **von dieser Person abhängig** und kannst nur mehr um Veränderung betteln. Das führt zu einem Gefühl der Ohnmacht und Hilflosigkeit und macht total unglücklich.

 Sei in allen Dingen immer Täter. Täter dafür, wie du dein Leben gestalten willst, egal was passiert ist, welche Richtung dein Leben nehmen soll und muss, wie deine Reaktion auf eine Aktion sein wird, damit die Aktion wenig bzw. kaum negativen Einfluss auf dich hat und dich unglücklich macht. Gib die Opfermentalität auf. Trage die Verantwortung, um die Macht über die Dinge zu haben. Wer die Macht hat, kann viel ändern und verändern.

Wissenschaftlich, ja oder nein?
Am Ende ist alles Wissenschaft

Diese Annahmen allein verändern die Wissenschaft gravierend.

„Es ist überheblich, arrogant, ein Mangel an Demut, fehlender (Selbst)-Respekt gegenüber dem Wissen und letztendlich Zeichen von wenig Intelligenz, zu sagen oder zu glauben, dass es das, was man nicht erklären kann, nicht gibt. Die heutige wissenschaftliche Methodik ist die banalste und ungenialste Methode, um das Wissen verstehen zu wollen. Sie reicht einfach nicht, um das ganze Wissen zu erklären."

Mein Feu-Vater

„Je mehr der Mensch sich von seiner Spiritualität und der spirituellen, nicht sichtbaren Welt entfernt, desto einfacher wird er und am Ende wird er dumm. Dieser Mensch wird ein Spielball derer, die spirituell sind und wissen, dass die reale Welt nur die Umsetzungswelt ist. Die Labor ist aber ganz woanders."

Mein Wissenslehrer in Kamerun

„Die subtilen Qualitäten des Gehirns sind nicht notwendigerweise rational und unsere Vernunft ist nicht stark genug, um unsere direkte Kenntnis der Tatsachen zu ergänzen. Die Intuition hat ein Feld, das größer ist als das der Vernunft, und der religiöse Glaube, rein intuitiv, bildet einen menschlichen Hebel, der wirksamer ist als die Wissenschaft und die Philosophie. Es ist die Überzeugung, die dich zum Handeln bringt, nicht das Wissen."
Pierre Lecomte von Noüy, französischer Mathematiker, Biophysiker, Schriftsteller und Philosoph (1883-1947).

„Alles, was du denkst, gibt es schon. Es existiert bereits. Wenn es dies nicht gäbe und es nicht existieren würde, würdest du es auch nicht anziehen. Du würdest nicht daran denken. Nun musst du es nur noch materialisieren und nicht neu erfinden."
Dantse nach einem Gespräch mit einem kamerunischen Genie, das im Urwald lebt und nie Kontakt mit der Außenwelt hatte.

„Du kannst dich nicht Erfinder nennen. Jeder, der sich Erfinder nennt usurpiert den Titel. Er gehört ihm nicht. Du erfindest nichts Neues, denn es gibt schon alles."
Das Urwald-Genie aus Kamerun

Meine Bücher sind nicht „wissenschaftlich", sondern natürlich und voller Wissen. Ich sehe mich als einen unabhängigen Berichterstatter, der den Dingen neutral auf den Grund geht und der das, was er weiß und gefunden hat, den Menschen weitergibt.

Viele Leser melden sie bei mir, um zu fragen, warum dies oder das nicht woanders zu finden ist, warum manche Thesen nicht wissenschaftlich bewiesen bzw. gestützt sind. Meine Bücher sind nicht wissenschaftlich in dem Sinne, wie wir wissenschaftlich definieren. Wenn du nur solche Bücher suchst und nur an dem, was wissenschaftlich bewiesen ist, interessiert bist, wenn du glaubst, dass nur wissenschaftlich Bewiesenes die einzige Wahrheit ist, wenn du nicht glaubst, dass viele Dinge, die erst heute wissenschaftlich bewiesen sind, gestern schon längst bekannt waren und genutzt wurden, dann musst du jetzt damit aufhören, dieses Buch weiter zu lesen. Wenn du einer von denen bist, die nur an das glauben, was sie sehen und hören, und denken alles andere existiere nicht, dann höre jetzt damit auf, dieses Buch zu lesen, **denn ich bin kein wissenschaftlicher Forscher im klassischen Sinne.**

Wenn du dich aber entscheidest weiter zu lesen, lies und setze meine Tipps einfach um, auch wenn du nicht daran glaubst, auch wenn du daran zweifelst, dass sie dir helfen können. Das Ergebnis wird dir den Glauben bringen und deine Zweifel ausräumen. So geht es tausenden von Lesern, die Monat für Monat meine Gesundheitsbücher kaufen, und meine Tipps gegen Krankheiten wie Krebs, Diabetes usw. umsetzen. Ihre Zufriedenheit sowie die Platzierung als Amazon-Bestseller Nr.1 von Büchern wie „Krebs hasst Safou, fürchtet Moringa und kapituliert vor Yams" (ISBN 978-3-946551-34-8) sind überzeugende Belege, dass

Wissen nicht unbedingt rein wissenschaftlich sein muss, um Menschen zu helfen.

Die sichtbare und die unsichtbare Welt

Ich hatte einmal bei einem Vortrag eine Diskussion mit Fachleuten (Professoren und Ärzten) und einer Gruppe von ihren Patienten. Bei dem Vortrag sagte ich ihnen, dass die Welt regiert wird von Dingen, die wir nicht sehen, nicht berühren und nicht hören können.

> **WAS WIR SEHEN, DIE PHYSISCHE WELT, HAT GAR NICHTS MIT DER VOLLEN WAHRHEIT UND DER REALITÄT DIESER WELT ZU TUN. SIE IST NUR EIN WINZIGER TEIL DER REALITÄT.**

Die Welt, die den fünf Sinnen (Sehen, Hören, Riechen, Schmecken und Tasten) zugänglich ist, ist die echte Welt „light", eine kleine Welt.

> **DIE MACHT ÜBER UNS HABEN DIE SINNE, DIE WIR GAR NICHT SEHEN, HÖREN, TASTEN, RIECHEN, SCHMECKEN. DIESE ANDERE WELT IST DIE WELT DER MACHT. SIE ENTSCHEIDET ÜBER DIE SICHTBARE WELT.**

Viele Fachleute zeigten sich empört und meinten ich rede esoterischen Unsinn. **Es gäbe nur eine Welt, eine reale Welt, und das sei die Welt in der wir leben.** Das was wir sehen, hören tasten, schmecken und riechen können, sei unsere Realität. Alles andere sei irreal und existiere nicht, außer in Fantasien von Verschwörern. Es wurde stark applaudiert. Ich war verwundert über eine solche Aussage von Menschen, die das Wissen tragen. Ich blieb ruhig und stellte ihnen nur eine Frage. Ich nahm das Beispiel von Schall, Licht und elektromagnetischen Wellen und einige andere Beispiele, um meine Argumente wissenschaftlich zu stützen.

Schallwellen können wir mit menschlichen Sinnen hören. Ultraschall ist Schall mit Frequenzen oberhalb des Hörfrequenzbereichs des Menschen. Das bedeutet, Menschen können Ultraschall nicht hören. Mit den **elektromagnetischen Wellen** ist es genauso. Es gibt Bereiche, Wellenlängen, die Menschen sehen können. Das Lichtspektrum, wie auch das **Farbspektrum**, ist der für Menschen sichtbare Anteil des elektromagnetischen Spektrums. Die Mikro- und Radiowellen, Infrarotstrahlung (Wärmestrahlungen), UV-, Röntgen-, und Gammastrahlen sind nicht mit den menschlichen Sinnen zu empfangen.

Meine Frage an die Fachleute war dann diese:

> Sind diese von uns nicht sichtbaren und nicht spürbaren Schall- oder elektromagnetischen Wellen nicht real? Sind sie nicht die Wahrheit? Weil wir sie nicht sehen, existieren sie nicht? Sie hatten ja gesagt, es sei Unfug was ich sage, nämlich, dass es außerhalb unserer Wahrnehmung eine andere Realität gäbe

Die sichtbare Welt (das, was unsere Sinne aufnehmen können) und die unsichtbare Welt (die Ultraschall- und elektromagnetischen Wellen, die wir nicht empfangen) – welche von beiden hat die Wissenschaft mehr vorangebracht? Welche hat die Medizin revolutioniert? Mit welcher Welt kann ich den Menschen besser heilen, Flugzeuge fliegen lassen, telefonieren, fernsehen, ins Internet gehen usw.? Ganz klar mit der Realität der unsichtbaren Welt.

Als **anderes Beispiel** nahm ich das Beispiel des **Lichtspektrums**: Unser Bewusstsein empfängt nur einen Bruchteil von Dingen, die für uns möglich sind. Den größten Teil der machbaren Dinge können wir mit unseren Sinnen nicht empfangen. Es passiert im Dantse-Bewusstsein, in dieser anderen Welt. Beim Lichtspektrum zum Beispiel sagt die Wissenschaft, dass unsere bewussten Sinne nur 8% davon wahrnehmen können.

 Aber nur, weil wir 92% des Lichtspektrums nicht empfangen können, bedeutet das nicht, dass es nicht existiert. Es ist da, wir sehen es nur nicht.

Akupunktur wurde lange von der Wissenschaft als Unfug belächelt. Ein bekannter Wissenschaftler sagte vor Jahren, dass es **Scharlatanismus** wäre, zu glauben, dass es auf dem Körper Punkte geben, an denen man durch Nadelstiche eine therapeutische Wirkung erzielen könne. Die Krankenkassen lehnten es ab solche Behandlungen zu zahlen. Heute ist das völlig anders. Die Wirkung dieser Therapie zur Heilung von Krankheiten ist **weltweit anerkannt**. Das Wissen ist vielfältig und nur weil wir etwas nicht wissen oder nicht kennen, bedeutete das nicht, dass es das nicht gibt oder es falsch oder unmöglich ist.

Als **letztes Beispiel** wählte ich eines mit Tieren. Viele Tierarten haben, neben den Sinnen, die wir auch Menschen haben, **andere Sinne wie den Magnetsinn** (Orientierung am Erdmagnetfeld , bezeichnet die Fähigkeit, die Tieren besitzen, das Magnetfeld der Erde wahrzunehmen und für die Ortsbestimmung zu nutzen), den Elektrosinn (chemische, elektrische oder akustische Signale), den Strömungssinn (die Fähigkeit von Organismen, strömende Gase bzw. Flüssigkeiten wahrzunehmen und sich in ihnen zu orientieren). Eine erstaunlich große Anzahl von Tieren hört im Ultraschall-Bereich. Fledermäuse nutzen ihre Ultraschall-Schreie, um sich an deren Echos zu orientieren. Da Menschen das nicht können, existieren diese Möglichkeiten nicht? **Warum werden die paar Menschen, die das gelernt haben und können, Magier genannt?** Sind diese Tiere Magier? Zauberer?

Meine letzte Frage an dieses Publikum und an die Fachleute, die mich am Anfang als Esoteriker einstufen wollten, war nun: **Welche Behauptungen sind nun wissenschaftlich belegt, ihre oder meine?** Wer erzählt hier Unfug und verblödet Menschen? Ich oder ihr, die Fachleute? Im Saal wurde es ruhig und ohne, dass ich eine Antwort bekam, ging das Gespräch in ein anderes Thema über.

Was ich mit diesen Beispielen bewiesen hatte, ist so in allen Bereichen des Lebens.

> **DIE PHYSISCHE WELT IST DIE MATERIALISATION VON KENNTNISSEN DER WELT, DIE WIR NICHT SEHEN, HÖREN, SCHMECKEN, TASTEN ODER RIECHEN KÖNNEN. DIE SPIRITUELLE WELT IST MÄCHTIGER ALS DIE SICHTBARE WELT. WER ZUGANG ZU DIESER UNSICHTBAREN WELT HAT, HAT EINEN VORSPRUNG IM WISSEN.**

Was heute vielleicht nicht als wissenschaftlich gilt, kann schon lange wissenschaftlich sein, wurde aber von den Menschen noch nicht greifbar umgesetzt.

Alle bedeutenden Menschen auf dieser Erde, alle **Genies**, sind Menschen, die diese Macht der unsichtbaren Welt erkannt und genutzt haben. Die Ignoranz bei dieser Diskussion hatte mich erstaunt, denn zwei der Fachleute waren bekannte Sektenangehörige (man nennt solche Sekten heute Logen). Und ab einem bestimmten Grad geht es in diesen **Logen** um die Macht über sich und den anderen durch „Zähmung" von Wissen spiritueller Welten.

Es gibt selten einen Anführer oder Politiker, einen Milliardär, einen hocherfolgreichen Menschen, der nicht in solch einer Loge ist. Ich finde es nicht schlecht, dass es Logen gibt. Es ist nicht schlimm, wenn Menschen sich über ihre innere Kraft bewusster werden und diese noch stärken wollen, um erfolgreicher zu sein.

Ich bin nur irritiert, dass sie propagieren, es gäbe nur eine Welt, eine Realität, die physische Welt, aber selbst Wissen aus der nicht sichtbaren Welt, deren Existenz sie vehement abstreiten, benutzen.

AM ENDE ZÄHLT NUR EINS: DASS MAN SEIN ZIEL GESUND ERREICHT, EGAL WELCHEN WEG MAN GEWÄHLT HAT. UND DAS TUE ICH MIT MEINEN BÜCHERN UND MEINEM COACHING, UND TAUSENDE VON MENSCHEN SIND DAMIT STETS ZUFRIEDEN UND GLÜCKLICH.

Auf meiner Coachingseite www.mycoacher.jimdo.com kannst du die Meinungen von hunderten von Menschen über mich lesen. Obwohl ich keine Werbung mache und keine Likes kaufe, habe ich im Durchschnitt über 3000 Likes für meine Beiträge auf Facebook.

Ich möchte mit meinen Büchern neue Visionen und die Vielfalt der Möglichkeiten zeigen und aufzeigen

Meine Bücher sollen Horizonte erweitern und zeigen, dass es viele Wahrheiten, viele Realitäten, viele verschiedene Arten von Lösungen, von Wegen und Auswegen gibt, die dazu führen, dass der Mensch sein Leben meistert. Denn jeder Mensch ist ein Unikat und es können nicht alle in einen Topf geworfen werden.

Manchen hilft der eine Weg, manchen der andere. Manche Medikamente helfen bei einem Menschen und das gleiche Medikament für dieselbe Krankheit schlägt bei einem anderen Menschen nicht an: Bei ihm hingegen hilft aber eine alternative Methode. Es gibt **unzählige Möglichkeiten** und es wäre sehr schade für den Menschen und die Welt, wenn nur Einbahnstraßen-Lösungen angeboten würden.

Die **moderne Wissenschaft**, wie man sie uns lehrt, kann nur einen kleinen Teil des Wissens erklären und auch nur einen kleinen Teil der Lösung zu den menschlichen Problemen beitragen. Die **moderne Medizin** ist für den Großteil der Probleme der Menschen **inkompetent**. Der schulische wissenschaftliche Weg ist nur einer von vielfältigen Wegen Wissen zu erklären.

Die Wissenschaft, so wie wir sie kennen, die die **Ausschließlichkeit des Wissens** für sich reklamieren will, ist zu jung, um diesen Status einzufordern. Der Mensch lebt seit zigtausenden von Jahren und er hat gut gelebt und Probleme seiner Zeit und jeder Art auch sehr gut gelöst, ohne diese Art von Wissenschaft zu benötigen. Im Gegenteil: Die Menschen haben vor tausenden von Jahren Dingen geschafft, die die aktuelle Wissenschaft nicht in der Lage ist zu erklären. Das bedeutet, es gibt andere Arten, das Wissen zu demonstrieren und auszulegen, die einen viel weiterbringen als die, die wir heute haben.

Diese Annahmen allein verändern die Wissenschaft gravierend zum Positiven

In der afrikanischen Naturlehre steckt so viel Wissen, das sehr hilft, ohne dass man viel dafür tun muss. Viele Menschen in meinem Coaching sehen mich als Guru, wenn ihnen mit kleinen und einfachen Tipps geholfen wird, manchmal bei Leiden und Schmerzen, die sie seit zig Jahren mit sich tragen und nachdem sie alle Therapien der Welt gemacht haben. Ich sage immer, dass ich das nicht bin. Mein Lehrmeister war ein Guru, ein großer. Ich bin es nicht.

> **ICH MACHE NICHTS VERWUNDERLICHES, ICH NUTZE NUR DIE LOGIK DER DINGE UND FINDE LÖSUNGEN, DAMIT DEN MENSCHEN GEHOLFEN WIRD.**

Du wirst beim Lesen meiner Bücher erstaunt sein, dass ich mich sehr häufig auf wissenschaftliche Studien, Erkenntnisse und Kenntnisse beziehe. Ja, das ist meine Stärke, da ich nicht dogmatisch bin. **Ich mag die Wissenschaft sehr**, da dahinter eine Logik steht. Viele Wissenschaften sind sehr gut und haben die Menschheit verändert und unsere Lebensbedingungen stark erleichtert und verbessert. Ich bringe meine Kinder auch zum Arzt, wenn es nötig ist. Aber es ist auch gut zu erkennen, dass einige Dinge in der Wissenschaft und Schulmedizin nicht zugunsten der Menschen ablaufen. Das gleiche muss man auch über alle anderen alternativen Therapieformen sagen. Es gibt gute und weniger gute. **Die Schulmedizin ist sehr wichtig und hat die Menschheit auch weitgebracht.** Besonders bei Krankheiten, die die Wissenschaft durch die Wirtschaft selbst verursacht hat, wirkt die Schulmedizin gut. Deswegen sind meine Bücher auch sehr davon inspiriert. Ich glaube nur, und dies gilt für alle Systeme, dass sich die Schulmedizin weiter wissenschaftlich öffnen und den Menschen tiefer **in seiner Ganzheit** betrachten sollte.

Nichts ist perfekt. Ich studiere und analysiere intensiv das Gute hier und da, aus allen Richtungen, und bringe es mit meinen eigenen Kenntnissen, Forschungen und afrikanischen Erkenntnissen zusammen. Daraus ist erst meine Methode **DantseLogik** entstanden.

Das Geschäft mit den wissenschaftlichen Studien

Muss alles wissenschaftlich bewiesen sein, damit es uns hilft?

Leider glaubt die große Mehrheit der Menschen in den westlichen Ländern immer noch nur Informationen, die aus der wissenschaftlichen Ecke kommen. Ich bekomme immer viele Briefe von meinen Lesern, die sich beklagen, dass für manche meiner Behauptungen wissenschaftliche Quellen fehlen. Obwohl ihnen mit den Ratschlägen geholfen wurde, wollen sie zur Gewissensberuhigung wissen, ob die Wissenschaft über das eine oder das andere schon mal geschrieben hat. Ich lächele immer darüber, denn dies zeigt, wie sehr wir konditioniert sind, **in Einbahnstraßen zu denken**. Man nennt es auf Französisch „la pensée unique". Das bedeutet, nur auf eine Art zu denken. Etwa in der Art: „Was nicht schwarz ist, muss weiß sein." Dass es zwischen schwarz und weiß noch viele andere Farben gibt, ist für viele Menschen immer noch schwer zu begreifen.

Die Wissenschaft ist sehr wichtig und die Idee des „wissenschaftlichen Beweises" finde ich sehr gut und auch ethisch und methodisch, denn es hilft uns zwischen gut, falsch, weniger falsch, seriös, nicht seriös usw. zu trennen und zu unterscheiden, und so kommt das Wissen vorwärts und verbessert unser Leben.

Wir vertrauen der Wissenschaft, wissenschaftlichen Studien, medizinischen Forschungen, denn wir verbinden damit die Hoffnung auf bessere Gesundheit, Heilung, Wohlstand, langes Leben. Die Medien stürzen sich darauf und zitieren neue Studienergebnisse, sie sind wie Trophäen, denen viele Menschen Glauben schenken möchten. Gerade darin liegen die **Missbrauchsmöglichkeiten und das Geschäft** mit den wissenschaftlichen Studien:

Das Geschäft mit unserem Glauben und unserer Hoffnung.

Den Satz „Vertrauen ist gut, Kontrolle ist besser" kennt fast jeder von uns. Gerade bei wissenschaftlichen Studien hat dieser Satz seine Berechtigung, damit wir wertvolle und ehrliche Studien von wertlosen und tendenziösen Studien unterscheiden können, die uns nur manipulieren wollen, damit wir etwas Bestimmtes tun. Warum?

„Schlank durch Schokolade", diese Doku im ZDF, dem Zweiten Deutschen Fernsehen, brachte großes Medieninteresse. Es ging um das Aufdecken der Wissenschaftslüge „Wer Schokolade isst, nimmt schneller ab", der „Schokoladen-Diät" des „Institute for Diet and Health". Mit Hilfe einer pseudo-wissenschaftlichen Studie (einer fake-Studie) und ein paar Werbetricks, hatten die Autoren es **geschafft, eine völlig absurde Diät seriös erscheinen zu lassen**. Die Doku zeigte, ich zitiere: „Wie leicht sich die Medien von dubiosen Studien manipulieren lassen." Die

Studie wurde weltweit verbreitet, alle Medien berichteten darüber, was die Wissenschaft wieder geschafft hatte und dass Schokolade hilft abzunehmen. Dabei existiert das Institut, die diese Studien gemacht haben sollte, gar nicht. So einfach wurden Menschen mit dem Begriff „wissenschaftlich" manipuliert und viele dachten nun wirklich, dass man mit Zucker vollgepumpter Schokolade Fett verbrennen kann.

Wir kennen die Problematik auch mit **Asbest**. Ein stark krebserregender Baustoff, der bis Mitte der neunziger Jahre in Deutschland häufig benutzt wurde, bevor er verboten wurde. Davor gab es **top-wissenschaftliche Studien** von renommierten Forschern, Laboren und Wissenschaftlern, die **diesem Stoff seine Ungefährlichkeit bescheinigten**. Alle anderen Studien, die vor Asbest warnten, wurden als verschwörerisch abgestempelt. Die Realität danach war desaströs. Tausende von Menschen und besonders Bauarbeiter erkrankten wegen Asbest an Krebs, weil sie diesen wissenschaftlichen Studien geglaubt hatten. Und so ist es mit vielen Studien.

> **DIE WISSENSCHAFT KANN SICH IRREN, KANN SICH KORRUMPIEREN UND MANIPULIEREN LASSEN, KANN FEHLER MACHEN.**

Die **Medizin** ist besonders davon infiziert und somit ist unsere Gesundheit manipulierbar. Viele Ärzte und Forscher, die uns mit Wissen versorgen, bekommen Geld von der Industrie für ihre Mitarbeit. In den Medien wurde schon von Schein-Studien berichtet. Mediziner, die Geld für eine Studie kassieren ohne wirklich eine richtige Studie durchgeführt zu haben, ihr Ergebnis aber „wissenschaftliche Studie" nennen. Wir kennen Fälle, wo diese Mediziner vor Gericht gelandet sind und ihre Studie widerrufen mussten.

Manche Quellen meinen, dass **bis zu 90% der Studien in irgendeiner Form manipuliert** sind. Ich nenne nur einige Fälle: Astra Zeneca und Bayer Vital, Lucentis. Lipobay und so weiter.

Wissenschaftliche Standards werden nicht immer respektiert

In mehr als der Hälfte aller medizinischen Forschungsarbeiten werden die wissenschaftlichen Standards nicht eingehalten, sagt der klinische Koordinator am Deutschen Zentrum für Neurodegenerative Erkrankungen (DZNE), Dr. Ulrich Dirnagel, der viele medizinische Studien auf ihre Stichhaltigkeit untersucht hat. Er fand heraus, dass die **Dokumentation** von vielen wissenschaftlichen Arbeiten **unvollständig und sogar manipuliert** ist. Dirnagel veröffentlichte seine Untersuchungsergebnisse 2015 im Fach-Journal *PLoS Biology*.

Erfundene medizinische und wissenschaftliche Studien und Erkenntnisse ermöglichen einen **hohen Umsatz** des betreffenden Medikamentes oder anderer Produkte.

Es geht auch um die **Vermeidung von Schadensersatzansprüchen**. Viele Firmen stellen Medikamente her, die mit der Zeit Menschen schaden. Es wird dann mit allen Mitteln versucht, die Ursache des Schadens nicht in den betreffenden Medikamenten zu sehen, sondern woanders. Dafür nutzen sie Labore, Forscher, Mediziner, die mit zahlreichen Studien belegen sollen, dass das Medikament okay ist. Aber nicht immer geht es um Geld. Manchmal geht es um den Namen, **um den Ruf und um Ruhm**. Um den Kampf unter Wissenschaftlern und um gegenseitige Sabotage.

> **HIERMIT MÖCHTE ICH DIE LESER NUR WARNEN, NICHT EINFACH BLIND ALLES ZU GLAUBEN, WAS SICH HINTER DEM LABEL „WISSENSCHAFTLICH" VERBIRGT UND NICHT ALL DEM, DAS DIESEN NAMEN NICHT TRÄGT, UNKRITISCH ZU MISSTRAUEN.**

Kontrolle ist gut, egal aus welcher Ecke Informationen kommen. Das Beste ist das Selbstexperiment: **Selbst testen und**

ausprobieren, was der Ratgeber empfiehlt – solange es nicht schaden kann – ist die richtige Kontrolle.

Der „pensée unique" hindert uns daran, weiterzukommen und andere Wahrheiten zu erfahren, denn die **wahre Gesundheit liegt in deinen eigenen Händen**. Du kannst viel mehr für dich tun, als uns gesagt wird. Du kannst gesund leben ohne Medikamente, ohne chronische Krankheiten, wenn du auf die Natur vertraust, eine positive Einstellung zu dir findest, dich bewegst, deine Ernährung umstellst. In der Ernährung liegt ein Großteil unserer Gesundheit und deine Ernährung liegt in deinen Händen, in deinem Macht- und deinem Wissensbereich und nicht in „wissenschaftlichen Studien". Dieses Wissen zeige ich dir erfolgreich in meinen zahlreichen Büchern, ohne dass ich Mediziner bin.

> ## SIND WIR NICHT EIGENTLICH ALLE EIN BISSCHEN MEDIZINER?
>
> ## MIT DER „DANTSELOGIK – MEISTERE DEINE GESUNDHEIT" WIRST DU SELBST DEIN EIGENER MEDIZINER

Viele Leute fragen mich, wenn sie eine meiner Theorien lesen, testen und erkennen, dass sie wirken, ob mein Wissen wissenschaftlich untermauert ist, ob es dafür wissenschaftliche Studien gibt. Klar, ich mache meine eigenen Studien, Forschungen und

Experimente mit Probanden und mit mir selbst. Dennoch erfülle ich niemals den Standard der konventionellen, wissenschaftlichen Studien – Gott sei Dank. **Denn mein Wissen und meine Bücher sind nicht wissenschaftlich im Sinne der Schulkonvention.** Würde ich nur nach konventionellen, wissenschaftlichen Methoden vorgehen, würde ich viel Wissen, dass ich mir seit meiner Lehre in Afrika angeeignet habe, nicht anwenden können und somit unzähligen Menschen nicht helfen können. Tausende von Menschen lesen meine Bücher und nirgendwo wurde über mich schlecht berichtet. Ich bekomme viele Zuschriften von Menschen, die sich überglücklich dafür bedanken, wie mein Wissen ihr Leben positiv verändert hat.

Der konventionellen Wissenschaft fehlt der Zugang zu unerklärlichen Bereichen des Lebens (der Bereich, der aber den größten Einfluss auf den Menschen hat) und somit zu einem wichtigen Bestandteil des Menschen. Der zweite Fehler der Wissenschaft ist die Spezialisierung und somit die **Einteilung der Menschen in viele Kategorien, die miteinander nichts zu tun haben.** Das ist aber in der Natur unmöglich. Der Mensch ist Eins, in mehreren Teilen, die alle miteinander verknüpft sind. Du kannst Schmerzen im Auge (Augenarzt) haben, aber das Problem liegt in deinen Genitalien (Urologe). Das sind schon zwei unterschiedliche Experten, die getrennt voneinander arbeiten. Eine Heilung kann so selten nachhaltig sein ohne, dass eine neue Krankheit entsteht. Solche Beispiele zeigen: **Obwohl die Wissenschaft gut und hilfreich ist, kann sie nicht die einzige Methode sein.** Deswegen muss etwas nicht unbedingt wissenschaftlich sein, um gut zu sein und etwas muss nicht schlecht sein, nur weil es nicht wissenschaftlich bewiesen ist.

Denn wissenschaftliche Beweise und Studien sind definitiv nichts, dem man blind vertrauen sollte

Wer am 23.07.18 um 22 Uhr ARD geschaut hat, hat die Sendung über die Manipulation von wissenschaftlichen Studien gesehen. Die Reporter zeigten, wie einfach es ist, jeden Unfug als wissenschaftliche Studie gelten zu lassen und damit Geld zu verdienen. Sogar in sensiblen Bereichen wie bei Krebserkrankungen. Wie man in dieser Sendung sehen konnte, **kann praktisch jeder irgendetwas schreiben und dies dann mit ein bisschen Geschick als wissenschaftlich erklären lassen**.

Fazit: Wichtig ist es für dich, dass dir etwas hilft, ohne Nebenwirkungen, ohne dir zu schaden, egal ob es wissenschaftlich ist oder nicht. Das bedeutet: viel wichtiger als irgendwelche Worte, Texte, Untersuchungen ist dein Kopf.

> **VERGLEICHE, DENKE SELBST NACH UND LASS NICHT ANDERE FÜR DICH DENKEN.**

AUSZUG aus Teil 1

Teil 2...................... 137

Wie funktioniert Dantselog? Die Techniken des Dantselogs 139

1.   Auswahlphase...........161

3. Erfolgsorientierte Lösungssuchephase .247

4. Erfolgsorientierte Lösungserstellungs- & Verschreibungsphase.......269

6. Erfolgsorientierte Realisierungs- & Wirkungsphase 303

AUSZUG aus Teil 1

**„Dantselog Teil 1
Die Dantselog-Lehre – das Grundlagenbuch:
Was ist Dantselog?
Ursprünge und Wirkweisen des Dantselogs
und seine erstaunlichen Erfolgsgeschichten"**

Bevor du die Techniken erlernst, musst du Band 1 gelesen haben, um zu verstehen, was Dantselog ist und wie es funktioniert. Hier findest du einen Auszug aus dem 1. Teil, damit du für die Techniken vorbereitet bist.

Inhaltsverzeichnis von Teil 1

1.5 Mehr Erfolg durch Selbstgespräche ist wissenschaftlich bewiesen

2. Dantselogie

2.1 Chance und Gefahr: Dantselog ist mächtig – für das Gute wie das Böse

2.2 Dantselog: Erhöhe und benutze die Kraft deines Geistes in dir, um Lösungen zu finden

2.3 Was Dantselog ist und was es nicht ist

2.4 Wozu Dantselog? Die Ziele von Dantselog

2.11 Unglaubliche und erstaunliche Erfolgsgeschichten durch Dantselog

2.11.1   Silvia: Die Heilung der depressiven Frau gab Dantselog seinen Namen

2.11.2   Anja, ihre Krebszellen hörten plötzlich auf zu wachsen

2.11.3   Andy, ein Manager, wird trotz eigentlicher Kündigung nicht gefeuert

2.11.4   Anne, erster Orgasmus mit 60

2.11.5   Pierre, 11 Jahre: Seine jahrelangen Alpträume und Angstattacken verschwanden ganz plötzlich

2.11.6   Ulf bekommt seine Frühejakulation nach über 21 Jahren Schwäche im Bett endlich in den Griff

2.11.7   Eine Hautärztin rettet eine verzweifelte Patientin

2.11.8   Clara, Erste im Marathon dank Dantselog

2.11.9   Toms Frau kam nach zwei Jahren Trennung zurück

2.11.10   Hans: Mit 14 angefangen, 35 Jahre lang geraucht und dann mit den Worten: „Hans, hör auf zu rauchen" aufgehört

Unglaubliche Erfolgs- und Heilungsgeschichten mit Dantselog

Dantselog kann hartnäckige Beschwerden beseitigen. Wie viel würdest dafür geben, um gesund zu sein und es zu bleiben?

> **„ALLES UND JEDER UM DICH HERUM UND IN DIR DRIN KONKURRIERT UM DEINEN ERFOLG UND DEIN WOHLERGEHEN."**
> **DANTSE DANTSE**

Ich beschäftigte mich seit Jahren mit der Heilkraft der Vorstellung, der Gedanken, der Selbsthypnose, des Wortes, der Selbstgespräche und forschte zuerst in Selbstexperimenten, um zu verstehen, wie man all dieses Wissen und seine verschiedenen Komponenten anwenden kann, um sich und andere zu heilen und Probleme aller Art zu lösen. Die Frage, die mich sehr beschäftigte, war, wie man **solche Techniken vereinfachen und für jeden Menschen zur Verfügung stellen** kann, ohne dass es esoterisch klingt. Denn dahinter steckt eine logische Wissenschaft. Ich wollte, dass dieses Wissen allen helfen kann und dass es nicht nur ein Luxus von einigen wenigen ist, die bestimmte Gesetze der Natur gut verstehen und beherrschen.

Mein Motto ist, dass ein Wissen, das nicht zu Verbesserung der Lebensumstände der Menschheit führt, sinnlos ist. Aber diese Erkenntnisse sind so sinnvoll für den Menschen, dass es seit über 15 Jahren mein Bestreben ist, es eines Tages als eine Heil-

und Lösungsfindungsmethode zu verbreiten. **Eine Methode, die jeder verstehen und anwenden kann.**

Dieser Wunsch, dass das Leben den Menschen einfacher, leichter und besser gemacht wird, war meine Motivation, jahrelang geduldig daran zu arbeiten, um wirklich etwas zu präsentieren, das wirken kann, das jeder Mensch nutzen und anwenden kann. Deshalb war ich viele Jahre selbst mein eigenes Versuchskaninchen.

Meine Methode funktionierte irgendwann ganz gut bei mir. Nicht immer, aber ich konnte viele Situationen damit bewältigen und sogar Fälle lösen, von denen niemand geglaubt hätte, dass sie noch einen guten Ausgang nehmen könnten. Später testete ich diese Methode an anderen Menschen mit zum Teil erstaunlichen Ergebnissen. **Manche Lebensschicksale verwandelten sich komplett zum Positiven**. Hier erzähle ich dir ein paar Beispiele:

Silvia: Die Heilung der depressiven Frau gab Dantselog seinen Namen

Ich setzte die Methoden in bestimmten Fällen und ganz präzise, nur bei sehr ausgewählten Personen, immer öfter in meinem Coaching ein und die **Ergebnisse waren sehr zufriedenstellend**, manchmal geradezu spektakulär.

So wie in dem Fall der Frau, die 2015 den Weg zu mir fand. Ich nenne sie Silvia (alle Namen im Folgenden immer geändert). Sie war zu diesem Zeitpunkt 55 Jahre alt und litt schon seit 30 Jahren unter **schweren Depressionen und dem Borderline-Syndrom**. Sie hatte schon viele Therapeuten besucht und war auch mehrmals stationär in Kliniken für einige Wochen oder gar Monate behandelt worden. Sie kam zu mir und sagte, dass alle sie **als therapieresistent abgestempelt** hätten. Die Frau war wie gelähmt in ihrem Leben. Sie fand keine Kraft mehr, um etwas zu tun. Ihre Antriebslosigkeit war unfassbar. Es mangelte ihr ständig an Energie, obwohl sie einen starken „Wunschwillen" hatte.

Ich **unterscheide zwischen „Wunschwillen" und „Aktionswillen"**. Der erstere ist nur Wille in Form von wiederholten Wünschen, die aber nicht in Handlungen übergehen. Einen Wunsch ständig zu wiederholen, an dem Wunsch hartnäckig dranbleiben, sich sogar ständig Informationen darüber zu holen, aber doch niemals die richtigen Schritte zur Umsetzung zu unternehmen, dass nenne ich „Wunschwillen".

Als die Frau zu mir kam, wusste sie nicht mehr, wohin sie gehen sollte. Das sagte sie auch selbst. Sie meinte: „Dantse, ich war bei den besten Therapeuten und Kliniken. Ich glaube nicht, dass Sie mir helfen können, aber Sie haben geworben, dass Ihr Coaching wie Magie wirkt. Nun bin ich einfach neugierig."

Sie litt sehr unter ihren Krankheiten, hatte ihren Mann und ihren Job verloren, seit Jahren keine andere Beziehung mehr gehabt und sie sah dabei zu, wie **ihre Kinder auch langsam depressive Züge bekamen**. Das war der Hauptgrund für sie, es noch einmal mit einer Therapie zu versuchen. Da alle Ärzte und Therapeuten ihr schon gesagt hatten, dass ihr Fall hoffnungslos sei und sie nur noch mit Medikamenten, die zum Teil schlimme Nebenwirkungen hervorriefen, behandelbar wäre, war sie sehr skeptisch bezüglich ihrer Heilungschancen.

Ich schlug ihr Dantselog vor (das es noch gar nicht unter diesem Namen gab) und erklärte ihr, wie es funktionierte, doch sie lehnte diese Methode ab und **wir blieben beim klassischen Coaching**.

Nach 4 Sitzungen in zwei Wochen ging es ihr schon viel besser, aber dennoch war es nur die Beruhigung, weil sie tatsächlich noch einmal versuchte, ihre Krankheiten in den Griff zu bekommen. **Es war keine wirkliche Veränderung.** Alles schien zwar immer besser zu funktionieren, aber sie fiel immer wieder zurück in ihren alten Zustand.

Die Antriebslosigkeit, die ihr die letzte Energie raubte, war einfach zu stark, sie kam nicht mehr zum Coaching. Ich rief sie zwei Tage lang an, aber sie ging nicht ans Telefon. Tage später rief ihr Sohn mich an und bat mich dringend zu ihnen zu kommen:

„**Mama wollte seit einer Woche gar nicht mehr aus dem Bett gehen. Sie redet mit Niemanden und sie isst seit 2 Tagen auch gar nichts mehr.**"

Ich kam zu ihnen und sah sie. Sie war total fertig. Sie redete, wie jemand, der im Sterben liegt. Es war, als würde jemand sie ans Bett fesseln oder als ob **ein riesiger, schwerer Stein in ihr wäre, der sie daran hinderte aufzustehen**. Das sagte sie mir jedes Mal, wenn sie aufstehen wollte. Sie schaffte es nur noch aufs Klo zu gehen und zu trinken. Sie fand auch keine Kraft mehr, zu essen oder das Essen für ihre Schulkinder zu machen usw.

Der Rückfall war so plötzlich und unerwartet, weil alles seit 4 Wochen gut lief und sie sogar dabei war, ihre Pläne umsetzen zu wollen. Ihr Aktionswille war entstanden und dann plötzlich das.

Zusammen versuchten wir zu rekonstruieren, was am **Tag des Rückfalls** passiert war. Es schien aber einfach nichts Besonderes zu geben, dass so etwas verursacht hätte haben können.

Ich schlug ihr vor, dass wir es doch mit Dantselog probieren sollten und diesmal willigte sie ein.

Ich entschied mich dann, sie mit meiner Methode der **Selbst-Multigespräche** zu coachen. Nachdem wir gemeinsam die Struktur erarbeitet hatten, die ersten Akteure kreiert hatten und unser „Theater" anfingen, **bröckelte nach nur 2 Stunden ihr Blockadenberg.** Wir erfuhren viel und sogar viel mehr als erwartet.

Nach sechs Wochen Coaching war sie praktisch „geheilt". Für mich war das zwar noch nicht ganz sicher, aber für sie war es schon die Heilung. Sie sagte, sie hätte sich in 30 Jahren nicht so gefühlt wie in diesem Moment. Sie wusste, dass sich ihr Zustand noch stabilisieren musste, aber dieser erreichte Zustand war für sie schon die Heilung. Im gleichen Jahr eröffnete sie endlich ihr Geschäft. Das bedeutete ihr Aktionswille war aktiviert. **Heute betreibt sie das Geschäft, das sie sich seit über 30 Jahren gewünscht hatte**, es aber wegen ihrer Krankheit nicht umsetzen konnte. Sie ist seit zwei Jahren in einer festen Beziehung, **gibt Seminare und Workshops** und ist sozial sehr aktiv. Es ist, als ob sie die verlorenen 30 Jahre wieder aufholen möchte.

Was war passiert mit Silvia, wodurch sie diese 30 Jahre alten Krankheiten in wenigen Wochen erfolgreich bekämpfte?

Hatte ich sie vielleicht verzaubert? Vielleicht sogar mit Voodoo? Nein, nichts von alledem. Wir hatten einfach die von mir entwickelte besondere Technik der Autokommunikation benutzt, um die **Ursache ihrer Antriebslosigkeit zu ergründen und sie mit Erfolg auszuschalten**. Wie das funktionierte zeige ich dir in Kapitel 3.13 „Wie funktioniert Dantselog: Die Technik von Dantselog".

Ich habe sie stabilisiert, indem ich ihr die Werkzeuge gab, um Attacken schnell zu erkennen und in Schach zu halten, denn ganz verschwinden werden diese Krankheiten in ihr nicht, aber sie haben keine Macht mehr über sie. Sie hat sich die Macht zurückerobert. Ruckfälle kann sie schon allein ohne fremde Hilfe abfangen und ein dunkles Loch mit Dantselog immer schnell verlassen.

In ihrer Euphorie gab sie meiner Methode den Name Dantselogie und daraus entwickelte ich den Ausdruck Dantselog als die zugehörige Technik. Mit der Namensgebung war diese Technik nun auch tatsächlich geboren.

Anja, ihre Krebszellen hörten plötzlich auf zu wachsen

Der Fall einer krebskranken Frau brachte ihren behandelnden **Arzt** dazu, mich in seine Praxis einzuladen. Zuerst war er sehr misstrauisch und ging auf **Konfrontationskurs** mit mir. Nachdem er gemerkt hatte, dass ich demütig blieb und seine Arbeit würdigte, respektierte und lobte, änderte er seine aggressive Haltung in **konstruktives Fragen.** Er hatte gemerkt, dass ich mich gar nicht mit ihm vergleichen wollte und somit waren seine Angst und seine Unsicherheit weg.

Doch kommen wir erst einmal zum Anfang der Geschichte. Bei Anja (Name geändert) wurde Brustkrebs festgestellt. Sie entschied sich damals für eine **Chemo-Hormontherapie,** um ihre Brüste erhalten zu können, nebenbei griff sie unterstützend zu alternativen Hilfen. Dennoch verbreiteten sich die Krebszellen weiter und **der Tumor wuchs beständig.** Durch meine Bücher über Krebsbekämpfung und die darin erläuterte Ernährungsweise fand sie den Weg zu mir („Das ultimative Anti-Krebs Buch" erreichte im Februar 2018 Platz 1 der Bestseller Bücher gegen Brustkrebs ISBN 978-3-976551-23-2).

Sie war total verzweifelt, psychisch fertig und hatte Angst zu sterben, dennoch wollte sie ihre Brüste nicht amputieren lassen. Meine erste Arbeit war es, **sie psychisch aufzubauen,** damit sie wieder positiv denken konnte und Vertrauen gewann, während sie die Therapie ihres Arztes weitermachte. Ich erzählte ihr von meinen Büchern, von **Lebensmitteln,** die ihrem Körper unterstützend helfen können und der einhergehenden **Ernährungsumstellung,** die wichtig bei der Bekämpfung des

Krebses ist. Ich erzählte ihr auch vom Dantselog und bat sie, mit ihrem Arzt darüber zu sprechen, wie wir die Krebsbekämpfung gemeinsam koordinieren könnten. Denn das eine schließt das andere nicht aus. **Die Schulmedizin und meine Methode sind sehr gut kombinierbar** und das erhöht die Chancen im Kampf gegen die Tumore. Ihr **Arzt lehnte dies allerdings kategorisch als unseriös ab**. Daraufhin entschied die Frau die Chemo-Hormontherapie für einige Zeit auszusetzen, da diese den Krebs nicht gestoppt hatte und sie sich einer Ernährungsumstellung mit Dantselog unterziehen wollte, um zu sehen, ob das etwas verbessern könnte. Erstaunlicherweise stimmte der Arzt dann doch neugierig zu. Ich gehe davon aus, er machte dies nur, um ihr später sagen zu können: „Sehen Sie? Ich hatte Sie gewarnt."

Ich entwickelte einen **guten Dantselog für sie, der zu ihrer Situation und Lebensrealität passte**. Sie änderte ihre Ernährung radikal. Auch die Nahrungszubereitung änderten wir. Sie verzichtete von da an völlig auf Weizen-, Zucker- und Milchprodukte. Sie nutze nun viele Lebensmittel aus Afrika mit sehr vielen Kräutern und Habanero-Chilis.

Diese anderen, für sie neuen, Lebensmittel, der tägliche Sport und die Medikamente, wurden nach Dantselog-Lehre Gesprächspartner, mit denen sie Kontakt aufnahm, den sie jeden Tag pflegte. Sie sollten den Krebs in sich jeden Tag bekämpfen und jeden Tag mehrmals in Kontakt mit ihm sein.

Wir erstellten die richtigen, kraftvollen Sätze, die sie sich ständig in Dantselog-Manier aufsagte, damit die beteiligten Akteure ihre befohlenen Rollen ausführten. Das Coaching half ihr, ihr mentales Niveau positiv anzuheben und ihre **Psyche auch durch den Sport jeden Tag zu pflegen**. Wir schafften es auf diese Art, den Stress des Alltags sehr niedrig zu halten und fast zu erlegen.

Nach nur einigen Tagen erkannte man Anja nicht mehr wieder, wie sie auch von allen Seiten zu hören bekam. Ihre Hautstruktur hatten sich total verändert. Sie sah aus, als ob die Gesichtsfalten verschwunden wären. **In ihren Augen war wieder ein Lachen zu sehen**. In den nächsten drei Wochen trennte sie sich auf Zeit von ihrem Freund, der sich gegen ihre Lebensumwandlung gestellt hatte. Er ertrug es nur schwer, dass Anja nun voller Lebenskraft war und ihn nicht brauchte, um glücklich zu sein, denn er hätte sie gern weiter als gehemmte, ängstliche Frau behalten, die er trösten konnte, um dadurch wichtig für sie zu sein. Er hatte sie seit Monaten gefangen gehalten und klein gemacht.

Ihre Arbeit machte ihr wieder Freude und sie genoss das Leben als Single. Sie entdeckte, dass sie Sex liebte. Sex hatte in ihrer Beziehung keine Bedeutung mehr gehabt und sie hatte ihn total hintangestellt. **Durch die Sexualität empfing sie sehr viel Kraft und Selbstliebe** und das stärkte ihr Selbstbewusstsein sehr.

> **Ihr Leben war wieder voller Energie, die sie mithilfe ihres Coachings nutzte, um ihre Heilung zu unterstützen. Sie lebte glücklich, qualitativ besser, aber nicht hektisch. Es war wichtig, mehrmals am Tag Zeit für sich allein zu finden, um mit ihren inneren Gesprächspartnern zu reden.**

Bei der nächsten ärztlichen Untersuchung war die Überraschung groß. Zum ersten Mal war das Wachstum des Tumors nicht größer geworden und ihr Arzt hatte das Gefühl, dass sogar vielleicht **eine Rückbildung in Gang** gesetzt worden war. Er wusste, dass seine Patientin eine, wie er sagte, „komische Therapie bei einem komischen Afrikaner" machte. Wochen später zeigten erneute Untersuchungen eine ähnliche Tendenz und dann wollte er den komischen Afrikaner endlich kennen lernen, der nur durch eine komische Gesprächstherapie seine Arbeit positiv beeinflusst hatte. **Der Arzt wollte mich sehen und ich ging voller Demut zu ihm.**

Nachdem wir geredet und ich ihm einiges von dem, was ich getan hatte, erklärte hatte, war er zufrieden. Er hatte Angst gehabt, dass ich seiner Patientin irgendwelche Präparate gegeben oder eine Art ärztliche Behandlungen durchgeführt hätte. Doch wie er selbst bemerkte, war dies nicht der Fall. „Ich bin kein Mediziner oder Heilpraktiker", sagte ich ihm lächelnd, „Ich bin nur ein einfacher Coach."

Er brachte den Erfolg vorwiegend mit den positiven psychischen Veränderungen bei Anja in Zusammenhang. Doch das war und ist mir egal, denn ich suche keinen Ruhm. Das Ziel war, dass es Anja besser geht und es ging ihr besser. Das Ziel ist erreicht. Der Arzt änderte dann die Therapie in eine Hormontherapie ohne Chemo und „erlaubte" ihr, diese Therapie mit Dantselog zu unterstützen, denn, wie er meinte: „Eine gute Psyche ist das beste Medikament und Dantse war da, und hat dir geholfen, mental positiv zu sein." Ich reagierte freundlich und dankend auf diesen Abwertungsversuch. Wichtiger als der Streit darum, wer Recht hatte, war und ist das Ergebnis.

> **Heute, nach mehr als einem Jahr, geht es Anja immer noch gut und es sieht so aus, als ob sie ganz gut mit dem Tumor in ihrer Brust leben kann und Dantselog bleibt bei ihr weiterhin die wichtigste unterstützende Therapieform.**

Andy, ein Manager, wird trotz eigentlicher Kündigung nicht gefeuert

Bei einem Fußballturnier meines Sohns kam ich mit einer Frau ins Gespräch, deren Sohn mit seiner Vereinsmannschaft auch daran teilnahm. Wir kamen uns näher und sehr bald wurde das Gespräch vertraulicher. Sie erzählte mir, dass ihr Mann nicht dabei sei, weil er **Stress in seiner Firma habe**. Auf meine Frage, warum er in Stress sei, zögerte sie ein bisschen und fragte mich, warum ich diese Frage stellen würde, denn ich spräche wie ein Psychologe. Ich antwortete ihr, dass Stressbewältigung mein Job sei. Sie meinte, ihr Mann würde keine Hilfe brauchen, zumindest sage er das immer so zu ihr und dazu würde er noch mit einem sehr guten und bekannten Berufspsychologen arbeiten. Ich hakte nach, denn wenn er keine Hilfe brauchte und von einem bekannten Psychologen behandelt wurde, warum hatte er dann so viel Stress und fast schon Panik?

Letztendlich erzählte sie mir von dem Problem und von der möglichen bzw. sicheren fristlosen Kündigung ihres Mannes, die ihn wegen schweren professionellen Verstößen erwartete. **Am Montag in einer Woche sollte es eine Sitzung in Anwesenheit der Personalvertretung geben und dann würde endgültig über die Kündigung entschieden**. Sie meinte aber, dass alles sehr klar sei, da man ihm schon eine Abfindung angeboten habe. Ich sagte ihr, dass diese Sitzung seine Chance wäre, um die Kündigung zu vermeiden. Sie bekräftigte lachend, dass sie nicht mehr daran glauben würde, da sein Vorgesetzter ihn nicht leiden könne und schon seit längerer Zeit nicht mehr mit ihm zusammenarbeiten wolle. Nun versuche ihr Mann nur noch, mehr aus seiner Abfindung herauszuholen.

Ich bestand weiter darauf, dass ein Wunder möglich sei. Wenn er bleiben wolle, sollte er diese Chance ergreifen. Die Frau antwortete mir, dass sie weder an Wunder noch an Gott glaube. Ich meinte dazu, dass nicht nur Gott Wunder wirken könne, sondern auch unser Geist. Sie war sehr reserviert und überzeugt, dass man nur Tatsachen vertrauen könne, da sie auch so erzogen worden war. Bei der Verabschiedung gab ich ihr trotzdem meine Karte und versuchte es ein letztes Mal: „Eigentlich habe ich dich angesprochen, um dich und nicht deinen Mann kennen zu lernen. Du bist sehr hübsch und gefällst mir, aber nun kann und möchte ich deinem Mann helfen. Erzähle ihm von mir und gib ihm meine Karte. Er soll sich melden, falls ihr doch durch Gottes Geist, der in jedem steckt, eure Meinung ändert. Denn Wunder gibt es wirklich. Ich an Stelle deines Mannes würde die Chance nutzen. Vielleicht ist auch das der Grund, warum man ihn loswerden will? Weil er als leitender Manager das Unerwartete nicht erwartet? **In dieser Position sind Bauchgefühle wichtiger als Kopfentscheidungen.** Das ist alles übrigens sehr schade, denn wenn ich deinen Mann kennenlerne, dann wird das nichts mehr mit uns."

Sie schaute mich sekundenlang an, ohne etwas zu sagen, nahm die Karte und stecke sie in ihre Jeans. **Dann ließ sie mich stehen, ohne sich zu verabschieden.** Das war am Samstag. Am Sonntag früh gegen 4 Uhr (ich stehe immer so gegen 3 Uhr auf, um zu schreiben) schaute ich nach meinen Mails und es war eine mit unbekannter Adresse dabei. Es war Andy (Name geändert), der Ehemann. Er schrieb, dass ich ihn anrufen solle und hinterließ mir seine Telefonnummer. Ich vergaß allerdings, ihn am Sonntag anzurufen und am Montag Früh klingelte gegen 7 Uhr das Telefon. Es war Andy. Er schimpfte und fragte, warum ich ihn nicht angerufen hätte. Ich entschuldigte mich und teilte ihm ganz ruhig mit, dass ich vergessen hätte ihm ausrichten zu lassen, dass Klienten üblicherweise mich anriefen und nicht ich sie. Er wollte weiter schimpfen, aber ich befahl ihm sehr bestimmt, damit aufzuhören und griff ihn absichtlich an, indem ich ihm Folgendes an den Kopf warf:

> „Es mangelt Ihnen an Demut und daraus folgend auch an Dankbarkeit. Kann es sein, dass diese fehlenden Werte Ihnen das Leben schwer machen?"

Er wurde ganz still und zeigte keinerlei Reaktion. Ich fuhr fort:

> „Sie wollten mich doch nicht sprechen, damit wir darüber diskutieren, wer wen anrufen sollte. Sie wollen mich sprechen, weil sie Ihren Job retten wollen. Ich kann Ihnen helfen."

Nach einigen Sekunden fragte er ganz kleinlaut wie ein kleines, geschlagenes Kind:

„Wie denn?"

Ich erkundigte mich:

„Wollen Sie den Job behalten? Wären Sie bereit, an sich selbst zu arbeiten? Wären Sie bereit, die möglichen Ursachen der Kündigung bei sich selbst zu suchen und nicht jemand anderem die Schuld dafür zu geben? Wären Sie bereit, sich in Frage zu stellen und nicht Ihren Chef und Ihre Mitarbeiter?"

Er antwortete ehrlich:

„Herr Dantse, ehrlich gesagt, das sind dort alles Idioten. Das ist wie ein Irrenhaus und mein Vorgesetzter ist einfach nicht zu ertragen."

Ich gab ihm meine Auffassung preis:

„Dann ist es nur richtig, dass Sie, als einziger nicht-Irrer, das Irrenhaus verlassen. In diesem Fall kann kein Wunder geschehen."

Er entschuldigte sich nun bei mir:

„Es tut mir leid, dass ich so hart mit Ihnen geredet habe. Aber alle auf der Arbeit nerven mich und nichts läuft dort richtig. Mir wird immer nur gezeigt, wie unwichtig ich sei."

Ich fragte ihn:

„Ist es Ihnen wichtig, dass man Ihnen zeigt, wie wichtig Sie sind? Ich glaube, wie ich Ihnen bereits klar

gemacht habe, dass es Ihnen an Demut fehlt. Aber wie gesagt, da Sie nicht bereit sind, an sich zu arbeiten und die Fehler lieber bei anderen suchen, ist es für mich nicht überraschend, dass Sie nicht glauben, dass ich ihnen helfen kann."

Er war erstaunt:
„Ich wusste nicht, dass Sie mit psychologisch-wissenschaftlichen Elementen arbeiten. Ich verstehe langsam ihre Vorgehensweise der Analyse. Nicht übel."

Ich hakte nach:
„Sie dachten ich mache Magie oder Voodoo, was?

Er zögerte:
„Ich dachte, dass Sie …, ich weiß nicht, dass Sie ja…, es ist schwer zu sagen, ich dachte…, wissen Sie, man macht sich seine Gedanken, wenn man auf Ihrer Homepage liest, ein Coaching, das wie Magie wirkt. Irgendwie kam dann in den Sinn… hahaha Sie verstehen, was ich meine."

Am Ende stimmte er meiner Vermutung zu und gab klein bei. Ja, auch privat würde es bei ihm nicht gut laufen. Er stelle sich auch schon seit einiger Zeit die Frage, ob er vielleicht nicht doch selbst schuld sei. Und genau jetzt wäre das erste Mal, dass er dies vor jemanden zugäbe.

Für mich war der Weg nun frei zu probieren, ob das Wunder kommen könnte.

Wir arbeiteten an drei Tagen intensiv mit Dantselog. Am gleichen Abend ging es los. **Wir stellten verschiedene Gesprächspartner auf**: seinen Chef, die Firma, die Kündigung, seine Frau, seine Ehe, die Mitarbeiter, seine Persönlichkeitsmerkmale, die wichtigen, ihm fehlenden Werte (die hatte ich im Coaching mit ihm herausgearbeitet). Es war sehr interessant, wie die ganzen Aspekte miteinander verflochten waren. Er war manchmal so elektrisch geladen, als ob alles wirklich real wäre.

Das Coaching gefiel ihm sehr, da er sehr über sich selbst, seine Ängste, seine Unsicherheiten und seine kaputte Ehe lernte. **Die Ehe zerstörte ihn**, aber aus Stolz gegenüber der High Society glaubte er, sie weiterführen zu müssen. Durch das Coaching erfuhr er im Selbstgespräch mit seiner Frau, dass **sein Sohn nicht sein eigen Fleisch und Blut** war. Er hatte dies schon immer geahnt, aber seine Frau nie darauf angesprochen. Wir entdeckten außerdem, dass er **seinen Chef eigentlich sehr mochte** und schätzte, aber dass er in ihm seine Frau sah, die er bekämpfen müsste. Der Hass gegen seine Frau, die ihn betrog, wendete er gegen seinen Chef. In seinem Chef und den anderen Mitarbeitern **bekämpfte er eigentlich seine Frau**. Dass diese ihn betrog kam ebenfalls durch den Dantselog heraus. Davor hatte er zwar geahnt, dass etwas nicht in Ordnung war, aber er hatte keine Beweise. Es stand nun an, das Ergebnis des ersten Coachingstags mit seiner Frau zu besprechen. Das tat er auch am gleichen Abend und alles bestätigte sich. Die Frau war sehr überrascht und rief mich am nächsten Tag in der Früh an und wollte wissen, wie ich das wissen konnte. Ich garantierte ihr:

„Es gibt Wunder, aber das Wunder habe nicht ich geschafft. Andy selbst hat es entdeckt, nicht ich."

Nun wollte sie mich dazu bringen, ihnen zu helfen, da sie doch Andy eigentlich liebe und ihre Ehe gerettet wolle. Aber dies war nicht mein Auftrag.

Andy war am Boden zerstört, aber gleichzeitig auch erleichtert. **Nun erklärte sich auch seine Wut, sein Hass und die negative Beurteilung seines Umfelds** und somit sein kompletter Umgang mit Kollegen und Vorgesetzten bei der Arbeit. Er erkannte jetzt auch, wieso es ihm so wichtig war, seinen Job zu behalten. Hatte er sich vorher immer gefragt, weshalb er in einem so furchtbaren Anstellungsverhältnis verbleiben wollte, verstand er jetzt die Hintergründe sowie sich selbst.

Um zur Ruhe zu kommen wollte er sich am Dienstag krankschreiben, aber ich empfahl ihm, das nicht zu tun. Er sollte arbeiten gehen, aber ohne seine geschlagene Stimmung zu verstecken. **Er sollte sich nicht mehr verstecken und immer so tun, als ob er alles unter Kontrolle hätte**. Wenn man ihn fragte, wie es ihm ginge, sollte er ehrlich sein, auch wenn er dabei ruhig einiges verschweigen konnte. Es war am wichtigsten, dass er zu seinen Gefühlen stand. Wir arbeiteten noch am Dienstagabend einen Marschplan für den guten Umgang mit seinen Kollegen und seinem Chef aus und er übte diesen in Selbst-Multigesprächen, indem **er sich an Demut, Dankbarkeit und Verzeihung gegenüber anderen Menschen versuchte**.

Am Donnerstag kam eine leitende Mitarbeiterin zu ihm im ins Büro und sagte: „Ich habe gehört, dass du uns verlassen wirst. Es tut mir sehr leid und es wäre auch sehr schade für die Firma. Dies habe ich auch den Kollegen gesagt. Vielleicht lässt sich noch etwas dagegen tun. Herr Meyer und ich wollen noch mit dem Chef reden."

 Es war ihm dann klar, dass viele Leute bereits von der Kündigung wussten, aber es war das erste Mal seit Monaten, dass ihn jemand lobte und Mitgefühl zeigte. Etwas hatte sich verändert und dies hatte mit ihm zu tun, mit der Energie die er freigesetzt hatte, dadurch, dass er an sich arbeitete und in ihm selbst nach Fehlern suchte.

Den Freitag nahm er sich frei, damit wir auch **an diesem Tag früh und intensiv arbeiten konnten, um Montag endgültig vorbereitet zu sein**. Während er Dantselog machte, rief seine Sekretärin an, aber ich riet ihm, nicht zu antworten. In diesem Moment unvorbereitet ein Telefonat entgegenz nehmen wäre keine gute Idee gewesen. Sie schickte ihm stattdessen eine WhatsApp-Nachricht: „Es ist dringend, der Chef will dich sprechen." Er übte den Fall zuerst im Dantselog und so vorbereitet rief er seinen Chef an, erreichte ihn dann aber leider nicht.

Bis Montag meldete sich sein Chef nicht, aber Andy fuhr sehr zuversichtlich zur Sitzung, in der seine Kündigung ausgesprochen werden sollte. Egal, was dort entschieden würde, wir hatten mit Dantselog schon so viel Einfluss auf die Sitzung genommen, dass wir mit irgendetwas Positivem rechneten. Alle Gesprächsteilnehmer waren sehr gut gelaunt und freundlich zu ihm. Andy fing mit seiner gut vorbereiteten emotionalen, aber auch rational-faktischen Rede an, wie er sie in Dantselog geübt hatte. Er bekannte seine Schuld, zeigte Demut, aber „ließ die Hosen nicht runter". Am Ende der Rede bat er seinen Chef zu erklären, was ihm vorgeworfen werde. Zum Erstaunen aller Anwesenden sagte dieser nur, dass er **in den letzten Tagen nachgedacht und die Sache neu bewertet habe**. Und nun, mit der, wie er sie nannte „demütigen" Rede von Andy, erweise sich seine neue Bewertung als richtig. Er wolle ihm **noch einmal drei bis vier Monate Zeit geben** und dann erneut schauen. Die Sitzung war beendet. Kurze Zeit später kam sein Chef in sein Büro und sagte ihm:

„Wir haben einen neuen Auftrag und Sie sind der richtige Mann dafür. Greifen Sie die Chance beim Schopf. Ich dulde kein weiteres Fehlverhalten am Arbeitsplatz."

Heute, 12 Monaten später, ist er befördert worden, hat einen neuen Dienstwagen, bekommt höheren Prämien usw.

Was war passiert in den letzten Wochen? Warum war auf einmal so viel Bewegung da?

Andy selbst hatte durch Dantselog die Lösung seines Problems bei der Arbeit gefunden. Er erkannte, dass Energie übertragbar und transportierbar ist. Die durch Dantselog erzeugte Energie hatte sich auf seinen Chef und seine Mitarbeiter übertragen und somit auch auf den Inhalt von Andys Arbeit an sich.

Es war also gerade bei einem Menschen, der nie an Wunder dachte oder glaubte, ein Wunder geschehen.

Anne, erster Orgasmus mit 60

Nur eine einzige Erkenntnis leitete den Wunderheilungsprozess der Frau ein, die seit 40 Jahren Jahre an Depression litt und erst mit fast 60 ihren ersten Orgasmus erlebte. 50 Jahre Amnesie wurden plötzlich aufgelöst: **Sexueller Missbrauch in der Kindheit wurde dank Dantselog erkannt und danach wurden die psychischen Belastungen durch gezielte Übungen „spontan geheilt".**

„Dantse, ich kann keine Glücks- und Liebesgefühle empfinden, Sex will ich, aber ich spüre dabei gar nichts und habe noch nie einen Orgasmus gehabt. Das ist aber nicht schlimm. Schlimm ist, dass mein Glücksgefühl immer nur einige Minuten halten kann, obwohl ich offenbar alles habe, das mich glücklich machen sollte. Ich habe eine glückliche Kindheit gehabt, studiert, hatte einen guten Job, aber leider nie eine feste Beziehung. Ich habe seit zig Jahren chronische Depressionen, manchmal sind sie so schlimm, dass ich stationär behandelt werden muss und Tabletten schlucke. Mein Selbsthass ist extrem. Ich mag meinen Körper nicht, obwohl alle Leute, Männer wie Frauen, mich bewundern."

So wandte sich Anne (Name geändert) an mich.

Beim Sex empfand sie keine Lust. Sie liebte es zwar, sexuell aktiv zu sein, aber danach war sie immer frustriert, denn sie konnte ihn nicht richtig genießen. Sie dachte, dass sie vielleicht lesbisch wäre und deswegen **mit Männern keinen Sex genießen** konnte. Aber auch Frauen schafften es nicht, ihr dieses schöne Gefühl beim Sex zu vermitteln und vor allem **spürte sie nie richtige Liebe und konnte sie auch nicht weitergeben**. Es blieb ihr immer nur eine Lösung: Sie war diejenige, die immer die Beziehung beendete, um das Gefühl der **Macht zu behalten**.

Besonders die Unfähigkeit, einen Orgasmus zu bekommen, machte sie sehr unglücklich und ständig depressiv. Sie wollte ihn einmal in ihrem Leben erleben. Sie las und hörte überall, wie schön das sei, aber es war für sie ein fremdes Wort. Sie hasste sich dafür, **fühlte sich als Versagerin**. Es war für sie eine Niederlage im Leben. Eine Niederlage, die sie fertigmachte. Das erfuhr sie im Dantselog. Bis dahin hatte sie anderen Gründen die Schuld an ihrem depressiven Zustand gegeben.

Sie war eine sehr schwierige Klientin für mich. Sehr **stur, aggressiv und stark impulsiv**. Ich fand heraus, dass Dantselog die richtige Therapie-Methode war, damit diese Frau mit sich selbst in Kontakt käme. Sie war so weit von sich entfernt, weil sie **alles verdrängte und ablehnte**. Der einzige Kontakt zu ihrem Selbst war der **Hass und der Zorn, die sie gegen sich selbst richtete**.

Die vielen Besuche bei Therapeuten hatten ihr nicht wirklich geholfen. **Psychologen und Ärzte schlossen Missbrauch und Misshandlungen in der Kindheit aus**, da offensichtlich kein Anzeichen vorlagen und auch unter Hypnose nichts aufkam. Sie hatte fantastische Eltern und die Kindheit war ein Traum gewesen. Sie hatte nur tolle Erinnerungen daran. Doch war das wirklich die Wahrheit?

Nein, denn Annes Schicksal war ein Fall von **liebevollem sexuellem Missbrauch**. Die Art von sexuellem Missbrauch, die man kaum beweisen kann, da die Eltern ihn als Liebe und Zuneigung tarnen und es dem Kind und auch dem späteren Erwachsenen dadurch **praktisch unmöglich machen, zu erkennen, dass es missbraucht wird** bzw. wurde. Nur das Unterbewusstsein, das alles speichert und deutet, gibt einen Hinweis darauf. 10 Wochen nach Beginn der Dantselog-Therapie passierte bei einer Selbstbefriedigung mit einem Dildo das Unerwartete und **Anne erkannte plötzlich, dass sie in der Kindheit missbraucht worden war und dass dies ihr Leben und ihre Liebesfähigkeit zerstört hatte.** Um zu dieser bahnbrechenden Erkenntnis zu kommen, nutzten wir die Theorie der Alternativen Fragen und Lösungssuche, diese wird detailliert erklärt im Kapitel „3.5.2.6 Diskutieren: Allgemein diskutieren, die Sau raus lassen" und Kapitel „ 3.5.3.1.1 Alternative Fragen führen zu alternativen und unkonventionellen Lösungsvorschlägen".

Nachdem Anne die Ursache ihrer Beschwerden erkannt hatte, konnten wir die Blockaden mithilfe von Dantselog beseitigen.

Pierre, 11 Jahre: Seine jahrelangen Alpträume und Angstattacken verschwanden ganz plötzlich

Der 11-jährige Pierre (Name geändert) hatte seit einem Jahr fast jede Nacht heftige Alpträume. In solchen Nächten musste er schreiend und weinend aufstehen und bei seiner Mutter schlafen. Obwohl er müde war, zögerte er das Einschlafen hinaus, weil er **Angst vor seinen Alpträumen** hatte. Er hatte mittlerweile schon vor allem Schwarzen (scheinbar stellvertretend für die Nacht) Angst. Die Folgen waren extreme **Angststörungen**, **Depressionen**, **aggressive Stimmungen** (auch in der Schule), **Essstörungen**, die zu Übergewicht führten und damit einhergehend zunehmende **Isolation**.

Pierre war alleine zu Hause war und machte Hausaufgaben, als er plötzlich die Stimme dieses Monsters hörte. Er hörte zuerst, wie die Haustür langsam aufging, wie das Monster sich hereinschlich und langsam die Treppen nach oben nahm. Das Monster fing an zu schreien, streckte sich und hatte einen riesigen Penis, der wie ein brennendes Schwert aussah. Er wollte damit in Pierre eindringen und ihn gewaltsam öffnen. Als es zu Pierre sagte, dass er sich umdrehen und seinen Hintern zeigen solle, lief er davon. Er stieg aus dem Fenster und rannte, bis er schreiend aufwachte.

Die verschiedenen Therapien, die er machte, brachten wenig. Viele Ärzte und Psychologen gingen von einem möglichen Missbrauch oder einer Androhung von Vergewaltigung an Pierre aus. Niemand konnte die Ursache finden. Die **Vorstellungs-Wiederholungs-Therapie**, auch genannt Imagery-Rehearsal-Therapy (IRT), die er lange Zeit mitmachte, brachte keine nachhaltige Lösung. **Klarträumen wurde versucht und sofort wieder gelassen.** Es war schwierig (ich vermute wegen seines Alters) ihn dazu zu bringen, im Schlaf zu wissen, dass er träumte und dass er im Traum frei handeln konnte. Er war noch nicht fähig, im Traum das Geschehen zu beeinflussen. **Die Therapie überforderte ihn** und deswegen suchten die Eltern nach einer alternativen Lösung und landeten auf Empfehlung bei mir.

Durch Dantselog erkannten wir sehr bald **die Ursache des Alptraumes: ein kurzes animiertes Video sexueller Gewalt**, das er mit neun gesehen hatte. Er hatte damals ein internetfähiges Smartphone bekommen. Als er auf der Suche nach einem guten Onlinespiel war, landete er kurz auf einer Seite, auf der diese Werbung eingeblendet wurde. **Die Figuren waren überdimensionierte Wesen mit ebenso überdimensionierten Geschlechtsteilen, die sich anal liebten und sicher vor Lust schrien.** Dies war für das Kind allerdings schockierend und verstörend. Er fasste das Schreien als Schmerzen auf, die das männliche Wesen den schreienden Frauen zufügte. Er hatte schnell weggeklickt und es vergessen. Aber **diese Szenen blieben ihm in seinem Kopf**, ohne dass es ihm bewusst war. Sie nahmen eine Form an, wuchsen, wurden mächtig und übernahmen die Kontrolle über ihn, ohne dass er daran dachte. Erst Monate nachdem er die Werbung gesehen hatte, fingen die Alpträume an. Er war zu diesem Zeitpunkt schon über über zehn Jahre alt. **Er erinnerte sich nicht an das Video und keine Therapie brachte den Alptraum mit diesem Erlebnis in Verbindung**, weil das Erlebnis für die Therapeuten gar nicht existierte.

Als wir die Ursachen des Alptraums gefunden hatten, schafften wir mit zwei Übungen, die Alpträume fast sofort zu stoppen. Angelehnt an die IRT-Methode (was noch einmal verdeutlicht, dass Dantselog mit allen Therapiemethoden kompatibel ist), notierte der kleine Patient seinen Alptraum in Zeichnungen und wir stellten die **Gesprächspartner aus den Elementen, die bei ihm Angst und den Elementen, die bei ihm Mut auslösten**, auf, um gemeinsam mit dem Dantselog die Situation aufzuarbeiten. Nach der zweiten Sitzung schlief er schon ohne Alptraum und dies dauert bis heute an. Wie hat Pierre es gescafft diesen Alptraum sofort zu stoppen? Im Praxisbuch werde ich dies noch genauer erklären.

Toms Frau kam nach zwei Jahren Trennung zurück

Es klingt wie ein Wunder, ist aber tatsächlich passiert. **Toms Frau verließ ihn eines Tages ganz plötzlich und zog zu ihrem neuen Freund**, mit dem sie, wie Tom feststellen musste, schon seit über zwei Jahre ein Verhältnis gehabt hatte. Tom war sehr traurig und wütend. Sie hatten noch vor einigen Tagen über gemeinsame Pläne geredet und Renovierungsmaterial gekauft, um am Wochenende mit der Renovierung ihres Hauses anzufangen. Und nun war sie plötzlich weg. **Er liebte sie sehr und war auch überzeugt, dass sie ihn immer noch liebte**. In seiner Verzweiflung versuchte er alles, schrieb jeden Tag Briefe, Mails, SMS, lauerte ihr sogar an der Arbeitsstelle, wo sie gemeinsam arbeiteten, auf. Doch alles wurde immer nur noch schlimmer.

Als er zu mir kam, hatte er deswegen **seinen Job verloren**, war **psychisch am Ende** und an einer Essstörung erkrankt. Wegen der Essstörung kam er zu mir, aber wie wir schnell feststellen konnten, lag das Problem woanders.

Zuerst wurden von mir Sofortmaßnahmen zur Beruhigung ergriffen, damit wir mit Dantselog arbeiten konnten. Als Tom bereit war, stellten wird mit Dantselog ein Programm auf, das dazu führen sollte, dass seine wieder Kontakt zu ihm aufnahm, sollten bei noch Gefühle für ihn vorhanden sein. Die erste Stufe des Dantselog-Programms waren **innere Gespräche mit ihr**, um loszulassen und die Situation ohne Widerstand anzunehmen wie sie war, aber ohne die Trennung zu akzeptieren. Die **Arbeit an sich selbst** und an seinen Fehlern gehörte zur zweiten Stufe.

Zwei Jahre nach der Trennung klingelte es auf einmal bei Tom an der Tür. Er öffnete und seine Exfrau stand vor ihm und erkundigte sich kleinlaut, ob sie reinkommen dürfe. In dem Moment vergaß Tom die ganze Arbeit, die er seit seiner Trennung auf sich genommen hatte, damit sie zurückkehrt. Er war durcheinander und dachte, dass seine Ex nur eine paar Sachen aus dem Haus mitnehmen wollte, wie sie es 6 Wochen nach Beginn des Dantselogs angekündigt hatte. Sie sagte ihm allerdings, dass sie seit Monaten immer **von ihm träumen** würde. Es wäre oft so, als ob er mit ihr rede und **diese Stimme würde sie immer so besänftigen**. In diesem Moment erinnerte sich Tom wieder an Dantselog und wusste nun, dass das Programm gewirkt hatte.

 Nach diesem Tag verließ sie ihn nie wieder und mittlerweile sind sie sogar glückliche Eltern zweier Kinder.

Im Praxisbuch erfährst du genaueres zu der Technik, die er benutzt hat, um seine Frau zurückzubekommen.

Christa: Nach 3 Monaten war der Diabetes weg

Im Fall einer Kundin, die an Diabetes erkrankt war, konnte der Dantselog gezielt helfen - ohne Insulin, ohne irgendwelche Mittel.

Am Anfang dachte Christa (Name geändert) nicht an Diabetes, als sie zu mir kam. Sie hatte Probleme mit dem Herz. **Sie litt unter Herzschwäche**. Die Symptome für die Zuckerkrankheit waren nicht deutlich genug, obwohl ihr Diabetes schon in einem fortgeschrittenen Stadium war. Der Arzt hatte bei der Behandlung ihres Herzproblems versäumt zu prüfen, ob nicht noch andere Krankheiten vorhanden waren. Es wurden nur Medikamente verschrieben. Aber **sie wollte wissen, warum und woher ihre Herzschwäche kam** und nicht nur einfach so Medikamenten nehmen.

Erst mit bzw. **durch Dantselog vermuteten wir, dass sie an Diabetes erkrankt sein könnte**. Der nächste logische Schritt war, sich einer genaueren ärztlichen Untersuchung zu unterziehen. Die ärztliche Diagnose bestätigte die Vermutung aus dem Dantselog. So sahen **ihre Blutzuckerwerte** aus:

Glukose Milligramm pro Deziliter	**150 mg/dl** (Normalwert: 100-140)
Glukose Millimol pro Liter	**12 mmol/l** (Normalwert 5,6-7,8)

Sie bat den Arzt, ihr vier Wochen Zeit zu geben, damit sie mit **Dantselog** versuchen konnte, **ihre Blutzuckerwerte zu senken**. Unter ständiger Beobachtung des Arztes (er hätte jederzeit eingreifen können, wenn die Blutzuckerwerte weiter in die Höhe geschossen wären), ohne Medikamente, ohne Diät und ohne zu hungern konnte man nach nur drei Wochen feststellen, dass die **Blutzuckerwerte rapide gesunken** waren. Und nach drei Monaten waren sie auf 100 und 5,6 gesunken wie bei einem Menschen ohne Diabetes. Sie nahm in dieser Zeit **über 18 Kilo ab**.

Der **Arzt** war daraufhin so begeistert, dass er mich aufsuchte, um die **Logik hinter Dantselog zu lernen**. Er sagte mir, dass er so etwas in seiner Laufbahn noch nicht gesehen hatte. Er wusste, dass Menschen mit Hilfe von Medikamenten und einem gesünderen Lebensstil gute Ergebnisse erzielt hatten. Aber in diesem Stadium gar keine Medikamente gegen Diabetes einzunehmen und nach 3 Monaten beste Blutzuckerwerte zu haben, das war ihm neu.

 In diesem Buch habe ich diesen Fall als Beispiel genommen, um Dantselog genauer zu erklären. Du wirst in den verschiedenen Phasen erlernen, was Christa durch Dantselog gemacht hat, um ihre Zuckerkrankheit fast vollständig zu beseitigen.

In Band 1 findest du viele weitere ausführliche Beispiele für den Erfolg von Dantselog:

✓ **Der Mann, der 35 Jahre lang, seitdem er 14 war, geraucht hatte und es mit „Hans, hör auf zu rauchen!" schaffte, mit dem Rauchen aufzuhören.**

✓ **Der Mann, der es nach 21 Jahren endlich schaffte, seine Frühejakulationen zu stoppen.**

✓ **Der gescheiterte Geschäftsmann, der es trotz Schufa-Einträgen durch Dantselog schaffte, dass die Bank ihm half und seine Firma rettete, so dass er heute Millionen an Umsatz macht.**

✓ **Die Ärztin, die mit Dantselog eine verzweifelte Frau mit einer undefinierten Hautkrankheit heilte, obwohl sie selbst und frühere Kollegen sie als unheilbar einstuften.**

✓ **Die Frau, die dank Dantselog einen Firmenmarathon gewann, vor allen Männern.**

✓ **Die Frau, die im dritten Anlauf das Staatsexamen schaffte, obwohl niemand mehr an sie geglaubt hatte.**

Alle diese Geschichten und einige andere kannst du in Band 1 lesen und auch erfahren, wie diese Erfolge zustande gekommen sind. Du wirst lernen, wie du dein Schicksal ein bisschen verbiegen und so lenken kannst, dass es dir Gutes bringt.

DU BEKOMMST HIER TECHNIKEN ZUR VERFÜGUNG GESTELLT, DIE DEIN LEBEN VERÄNDERN KÖNNEN, DIE ES LEICHTER MACHEN UND DICH GLÜCKLICH, ERFOLGREICH UND GESUND MACHEN.

MIT DANTSELOG SPARST DU DIR ENORME ÄRZTLICHE UND THERAPEUTISCHE BEHANDLUNGSKOSTEN.

Vier frische Last-Minute-Erfolgsgeschichten von Dantselog, die ich unbedingt erzählen muss

Diese Geschichten sind eine fantastische Demonstration der Wirkung der Dantselogie, um ein Ziel zu erreichen. **Alle vier geschahen, nachdem ich eigentlich am Freitag, den 7. September 2018 um 15 Uhr mit diesem Buch fertig war** und es am Montag dem Lektorat übergeben würde. Doch dann passierten diese Geschichten und ich wollte sie euch unbedingt noch ganz frisch erzählen, damit ihr seht, was ihr mit Dantselog wirklich erreichen könnt.

Freitag 07.09.2018, der Tag, an dem ich das Buch beendet hatte, 18 Uhr: Sie erschien wieder – ein Wunder?

Nicola (Name geändert) und Georg (Name geändert) lernten sich vor fast genau einem Jahr kennen und mochten sich auf Anhieb. Zwischen ihnen entstand eine sehr schöne und sehr **starke Freundschaft**. Nicola ist verheiratet und ihr Mann, der am Anfang aufgeschlossen gegenüber ihrer Freundschaft war, wurde **eifersüchtig**. Er schaffte es durch erfundene Geschichten, dass Georg und Nicola sich eines Tages so **stritten**, dass sie sich verabschiedeten, **ohne die Absicht zu haben, sich je wiederzusehen.**

Ein paar Tage später schrieb Nicola Georg eine Mail mit dem Inhalt: „Lebwohl, Adieu! Ich werde und will dich nicht wiedersehen." Auf Mails und SMS von Georg antwortete sie nicht mehr. Georg fand es schade, weil er wusste, dass dies nicht ihr Wille war. **Er wusste, dass sie die Freundschaft eigentlich nicht abbrechen wollte**. Aber er beließ es zuerst dabei.

Nach 6 Monaten entschied Georg sich, **sie mit Dantselog zurückzuholen**, weil er wusste, sie würde es auch wollen, war aber blockiert. Es ging jetzt darum, die Blockade zu beseitigen. Die verschiedenen Phasen des Dantselogs wurden durchlaufen. In der **Lösungsvorschläge-Phase** gaben die Dantseloger, die fiktiv kreierten und ins Leben gerufenen Gesprächspartner, sehr interessante Lösungsvorschläge. Daraus ergab sich eine sehr gute Lösungssynthese. **Aus der Lösungssynthese entstand die Lösungsverschreibung** (quasi das Medikament, um die Krankheit zu heilen), die zum Ziel führen würde. Die Lösungsverschreibung diktierte **eine besondere SMS mit einem gezielten Inhalt**. Diese schrieb Georg und wartete gelassen. Er war sich sicher, dass das „Medikament" wirken würde. Ganz entspannt wartete er.

3 Monaten später geschah es. Es war am Freitag, 07. September 2018, gegen 18 Uhr. Normalerweise ist Georg um diese Uhrzeit nie zu Hause. Er ist ab 16 Uhr bis mindestens 20 Uhr beim Fußball. Aber an diesem Tag, ausgerechnet an diesem Tag, war er da, weil er etwas Dringendes erledigen musste. An diesem Tag, um diese Uhrzeit **klingelte es bei ihm**. Er wollte zuerst gar nicht nachsehen wer da war, weil er niemanden erwartete. Es klingelte noch einmal. Er rührte sich nicht von der Stelle. Beim dritten Mal ging er zögerlich am Fenster schauen.

Die Person, die klingelte, war schon dabei wieder zu gehen. **Es war *sie*. Es war Nicola.**

Im Gespräch mit ihr erfuhr er, dass es tatsächlich die Lösungsverschreibung, „das Medikament", gewesen war, das zugeschlagen hatte. Sie fragte ihn:

> **„Wie kamst du auf diese tödliche SMS? Sie war wie ein Geist in mir, der sagte ich müsse zu dir."**

Seitdem sie die SMS bekommen hatte, fingen ihre Blockaden an zu bröckeln, die Sehnsucht war immer größer geworden, aber sie hatte dagegen angekämpft. **Ganze 3 Monate lang hatte sie gekämpft.** Aber das Medikament war stärker. An diesem Tag, kam sie vorbei, ohne zu wissen warum, obwohl ihr klar war, dass Georg am Freitag um diese Uhrzeit eigentlich nie zu Hause war.

Diese Geschichte kenne ich deswegen so gut, weil Georg, von dem ich in dieser Geschichte erzähle, ich selbst bin.

Sonntag 09.09.2018: Mein Sohn schießt zwei Tore, genau wie am Tag vorher mit Dantselog bestellt

Diese Geschichte gleicht auch einem Wunder und beweist, wie du einen **Dantselog auch für eine dritte Person erfolgreich durchführen** kannst und wie dieser bei der Person wirkt, als ob sie ihn selbst gemacht hätte.

Mein Sohn ist **12 Jahre alt und er spielt Fußball**. Am Freitag überlegte ich mir, einen Dantselog für ihn zu machen. Er sollte seine Torchancen besser nutzen. **Er ist Stürmer und lässt viele Torchancen oft liegen**. Ich trainiere häufig seine Stärken mit ihm, damit er sie noch mehr verbessert, aber ich trainiere auch seine Schwächen, um sie zu beseitigen. Er ist technisch gut, spielt clever, aber dennoch verpasst er pro Spiel mindestens 3-4 klare Torchancen, die er nicht reinkriegt. Ich dachte immer, dass es Pech wäre, er solle sich noch besser konzentrieren, sagte ich ihm immer.

Nach dem letzten Spiel, in dem er wieder klare Torchancen verpasst hatte, dachte ich an **Dantselog, um das Problem zu beseitigen**. Am Freitag, 7. September 2018, fing ich damit an. Ich definierte das Problem (**Auswahlphase**), erstellte die **Dantseloger** (er selbst, seine Füße, der Fußball, das Spielfeld, die Spielkameraden, die Gegner, zwei Tore – das war mein Test: er sollte zwei Tore schießen) und los ging es mit dem Dantselog. In der **Diskussionsphase** zwischen den Dantselogern erfuhr ich dann sehr interessante Dinge über seine Schwächen und woran es lag, dass er Torchancen verpasste. Das hatte ich bis dahin nicht so gesehen. Die **Lösungsvorschläge** (Lösungsvorschläge-Phase) der Dantseloger, um das Problem zu regeln, waren erkenntnisreich. Daraus erstellte ich über die **Lösungssynthese** das „Medikament"; die **Lösungsverschreibung**.

Am Samstag, 8. September 2018, ging es am Nachmittag zum Sportplatz. **Wir trainierten stundenlang die Lösungsverschreibung.** Die Lösungsverschreibung bestand darin, gezielt bestimmte Schießtechniken zusammen mit Bewegungen, Laufwegen und Stellungen intensiv zu üben. Dafür nahm ich Ronaldo als Beispiel. Wir schauten seine Videos an und kopierten seinen Stil. Wir übten das am Samstag gut und er war wieder sehr sicher. Wie in dem Problem dargestellt, **sollte er durch diesen Dantselog im Spiel zwei Tore schießen**. Nach seinem Training, bei dem er mehr Sicherheit vor dem Tor bekam, sagte ich ihm:

„Du wirst am Sonntag im Spiel ausgerechnet gegen den stärkeren Gegner in der Gruppe zwei Tore schießen."

Ich erklärte ihm nur ganz kurz, warum ich sicher war. Er ist noch zu jung, um alles detailliert zu verstehen.

Am Sonntag, 9. September 2018, ging ich nicht zum Spiel und blieb zu Hause. Nach der ersten Halbzeit kam eine SMS von seiner Mutter: **„Wir führen 3:1 mit zwei Toren von meinem Sohn.“** Ich antwortete ihr: „Aufgabe erledigt. Er hat sein Tribut gezollt.“ Sie verstand es nicht, aber ich wusste, dass Dantselog wieder funktioniert hatte.

Ich dankte einfach den Dantselogern und Gott, aber dennoch werde ich sie nicht weiter nutzen, um eine bestimmte Zahl von Toren zu bestimmen, sondern nur, um seine Torchancen-Quoten zu erhöhen und allgemein seine Schwächen und seine Stärken besser zu erkennen und diese zu verbessern.

Montag 17.09.2018: Schmerzfreie Zahnbehandlung

Nicola, die ihren Freund zurückbekommen hatte und nun fest an Dantselog glaubte, rief mich am Donnerstag, 13. September 2018, an und teilte mir mit, sie hätte einen Zahnarzttermin am kommenden Montag und **wolle versuchen mit Dantselog die Angst und den Schmerz bei diesem Besuch zu meistern**. Sie meinte auch bei Betäubung hätte sie immer Schmerzen gehabt und allein das Geräusch des Bohrers mache sie fertig. Eines Tages hatte sie im Spaß zu ihrem Arzt gesagt, sie würde einer Vollnarkose bedürfen.

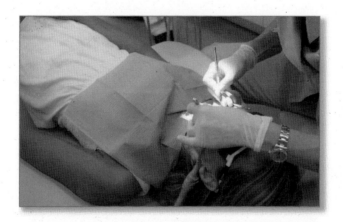

Am Samstag trafen wir uns und **übten den Dantselog** für ihren Besuch. Wir wählten gemäß der Dantselogtechnik die Dantseloger aus. Das waren in ihrem Fall: Nicola (sie), Zahnarzt, Zahnarztzimmer, Bohrer, Zähne, Schmerzen, Wohlbefinden (schmerzlos), gesund, glücklich. **Wir durchliefen alle 7 Phasen des Dantselogs**: Auswahlphase, Diskussionsphase, Lösungssuchephase, Lösungserstellung- und -verschreibungsphase,

Lösungsverschreibungsannahme- und -einnahmephase, Realisierungs- und Wirkungsphase, Ergebnisphase. Sie übte dann über das Wochenende und am Montag war sie um 10 beim Zahnarzt Euphorisch rief sie mich gegen 12 an und schrie fast ins Telefon:

„Dantse, es hat funktioniert!" Ich bat sie, mir genau zu erklären, wie es passiert sei. Sie antwortete folgendermaßen: „Ich ging in das Behandlungszimmer und war so was von zuversichtlich, dass ich mich sehr wohlfühlen würde. Sogar der Arzt bemerkte, dass ich voller Freude war und fragte mich, ob ich etwas eingenommen hätte. Ich antwortete ihm, ich sei nur glücklich heute ohne Schmerzen meinen Zähnen und meiner Gesundheit etwas Gutes zu tun. Er sagte, *Ganz ohne Schmerzen wird es in Ihrem Fall nicht gehen. Ein bisschen wird es schon geben, aber nicht so schlimm.* Ich antwortete ihm, dass es schmerzlos sein würde, weil ich mich schon betäubt hätte und mit voller Freude würde ich jetzt ganz entspannt auf diesem Stuhl sitzen. Er tat alles, wie immer und am Ende sagte er mir: *Sie haben nicht mal gezuckt wie früher.* Ich antwortete ihm: *Ich habe es Ihnen doch gesagt. Ich werde keine Schmerzen spüren und ich habe keine gespürt. Die Geräusche des Bohrers haben mich in eine Art Hypnose versetzt bzw. ich habe mich durch diese Geräusche in einen Trancezustand versetzen lassen und alles fühlte sich auf einmal so leicht an, so sanft.*"

Genauso wie wir es mit dem Dantselog geübt hatten.

18.-20.09.2018: Noch eine sehr heiße De-monstration dieser Logik bei meinem Sohn

Meine Mutter kam nach Deutschland, um ihre Kinder zu besuchen und wohnte bei meiner Nichte. Sie rief meine Freundin an und sagte ihr es gäbe etwas sehr Wichtiges, das sie mir „dringend" sagen müsse, ich solle sie umgehend zurückrufen.

Diese Geschichte liest du weiter in Kapitel 2.10 „Was kann Dantselog?"

Wichtige Zitate aus dem Buch

„Die Welt, in der wir leben ist ein Wunder. Dieses Wunder besteht aus materialisierten Ideen, aus Wörtern, die sich materialisiert haben."

„Früher oder später wirst du die Früchte deiner Worte und Gedanken ernten. Wie positiv oder negativ die Ernte ist, hängt davon ab, ob wir positiv oder negativ in unseren Wörtern und Gedanken waren. Schade, dass viele Menschen ihren unglücklichen oder glücklichen Zustand damit noch verbinden."

„Du verbindest und vereinigst dich mit dem, was du aufmerksam beobachtest, denkst, wiederholst, sagst oder dir stark wünschst."

„Erwarte, dass das Universum und du selbst dir das Super-Gute gibt, das bedeutet, das, was dir am unausführbarsten, unerfüllbarsten, nicht realisierbarsten erscheint, vorausgesetzt, du begrenzt die Mittel nicht, die es erscheinen lassen."

„Wir wissen heute, dass all diese Dinge – auch wissenschaftlich – möglich sind."

„Wir denken, wir befreien uns von negativen und unglücklichen Dingen, wenn wir vor ihnen fliehen, davor flüchten, sie vergraben und verdrängen. Nein sie werden uns verfolgen egal wo wir hingehen. Wenn wir vor unseren Schwierigkeiten Flucht ergreifen, werden sie uns hinterherlaufen, bis wir sie beseitigt haben."

„Jeder, der sich auskennt kann dein Unterbewusstsein steuern, sogar wenn du wach bist und somit auch deine bewussten Handlungen (mit)beeinflussen."

„Die Art, wie du mit dir selbst sprichst, beeinflusst die Art, wie du dich fühlst, wie du dich verhältst und somit, wie andere auf dich reagieren. Das bedeutet, du kannst mit der Art, wie du mit dir sprichst dein Umfeld beeinflussen, positiv oder negativ auf dich zu reagieren."

Wie erlernst du die Dantselogie?
5 Bände für deinen
ganzheitlichen Erfolg

Auch du kannst Wunder herbeiführen. Die Kunst zu haben und zu erreichen was du willst, wann du willst, wie du willst.

Die Dantselogie, die Lehre des Dantselogs, ist eine sehr einfache Selbsttherapie, wenn man genau weiß, wie sie funktioniert und diese Wissenschaft gut verstanden hat. Damit du dir sicher, leicht und verständlich diese Technik aneignen kannst, habe ich das Wissen über diese Methode in mehrere Bände verpackt, inklusive einer Light Version, um Dantselog besonders schnell und kompakt kennenzulernen.

Teil 1 Die Dantselog-Lehre
Das Grundlagenbuch: Was ist Dantselog?
Ursprünge und Wirkweisen des Dantselogs
und seine erstaunlichen Erfolgsgeschichten

In diesem Band wird sehr detailliert die Lehre der Dantselogie erklärt. Es geht um die Grundbasis, um genau zu verstehen, was diese Wissenschaft für sich ist, was sie kann, wo ihre Ursprünge und ihre Geschichte liegen und welche Erfolge du damit erzielen kannst. Dieses Buch hast du hier vorliegen und nach der Lektüre wirst du genau verstanden haben warum und wie Dantselog funktioniert. Dann bist du bereit für den nächsten Band:

Teil 2 Die Dantselog-Technik
Das Dantselog-1x1 für Anfänger
Wie funktioniert Dantselog?
Der Praxisleitfaden – Schritt für Schritt dein Leben meistern

Der zweite Band zeigt dir anhand von klaren Beispielen, wie das Wissen des Dantselogs in der Praxis abläuft und wie du es 1:1 auf deinen Fall anwenden und damit erfolgreich sein kannst. Die sieben Phasen des Dantselogs werden ausführlich und Schritt für Schritt unter Verwendung vieler konkreter Beispiele genaustens erklärt.

Teil 3 Das Dantselog-Übungs und Praxisbuch für Anfänger – Praxis im Alltag

Im Praxisbuch der Dantselogie gehe ich davon aus, dass du Dantselog gut im Griff hast. Ich erweitere ich den Umfang der Beispiele aus den anderen Bänden. Wie im vorherigen Band wird auch erklärt, wie sich die Dantselogie spezifisch auf deinen Fall anwenden lässt. Hier findest du dann Beispiele aus dem Alltag: wie du dich motivierst und Stress bewältigst, wie du Mobbing und Burnout bekämpfst, wie du Leistung steigerst, wie du Kopfschmerzen oder Migräne bekämpfst, wie du dich auf schwierige Situationen vorbereitest, wie du Vorstellungs- oder Gehaltserhöhungsgespräche meisterst, wie du beruflich vorwärtskommst, wie du Alltagsprobleme in Familie und Beziehung löst, oder wie du Konflikte löst und vieles mehr.

Teil 4 Die Dantselog-Technik PLUS
Dantselog für Fortgeschrittene
Wie funktioniert Dantselog? Der Praxisleitfaden: Schritt für Schritt für schwierige Fälle

In diesem Band findest du alles, was Band 2 hat aber es werden noch mehr Techniken gezeigt, die dir helfen, auch sehr viel schwierige Fällen (Probleme, Blockaden, Krankheiten usw.) erfolgreich zu lösen.

Teil 5 Das Dantselog-Übungsbuch PLUS für Fortgeschrittene – Praxis in Spezialfällen

Im Praxisbuch der Dantselogie für Fortgeschrittene gehe ich davon aus, dass du Dantselog gut im Griff hast. Ich erweitere ich den Umfang der Beispiele aus den anderen Bänden. Diese Beispiele sind schwieriger und nur von echten Könnern zu bewältigen. Wie im vorherigen Band wird auch erklärt, wie sich die Dantselogie spezifisch auf deinen Fall anwenden lässt. Hier findest du dann Beispiele aus fast allen Lebensbereichen, auch Traumata und schwere Krankheiten wie Krebs oder ein Herzinfarkt.

Dantselog –
Der Sammelband aus Band 1 und 2

Hier findest du alles Wissen aus Band 1 mit den geballten Techniken aus Band 2. Die preisgünstige Variante für alle Dantselog-Lerner!

Dantselog Light:
Für schnelle Leser

In dieser Version bekommst du einen schnellen, kurz zusammengefassten Gesamtüberblick der Dantselogie, um die Methode kennenzulernen.

Durch Einteilung in mehrere Bände haben Leser und Dantselog-Schüler es leichter, sich *step by step* in diese Lehre einzuarbeiten, ohne überfordert und überbelastet zu werden. Genauso wie in der Mathematik werden quasi erst die Grundrechenarten eingeübt. Man fängt mit 1 + 1 an, nicht mit Integralen!

Ich empfehle folgende Vorgehensweise, um ein Dantselog-Experte zu werden:

1. **Dantselog 1: Das Grundlagenbuch**

2. **Danach Dantselog 2: Die Techniken für Anfänger**

So hast du dieses Wissen gut im Griff.

Danach:

3. **Dantselog 3: Das Übungsbuch – Praxis im Alltag**

4. **Dantselog 4: Die Techniken für Fortgeschrittene**

5. **Dantselog 5: Das Übungsbuch – Praxis in Spezialfällen**

So wirst du bald Dantselog-Experte und kannst selbst Dinge schaffen, die du noch vor einigen Wochen ein Wunder nanntest.

> **BEVOR DU DICH MIT DIESEN BÄNDEN UND DIESER HEIL-PHILOSOPHIE BEFASST, HAST DU DIE MÖGLICHKEIT DIR IN DANTSELOG-LIGHT EINEN ÜBERBLICK ÜBER DIESES WISSEN ZU VERSCHAFFEN UND DICH ERST DANN ZU ENTSCHEIDEN, OB DIESE METHODE ZU DIR PASST.**

Einführung:
Der Sinn dieses Buches

Wir reden ständig mit uns selbst.

Morgens, abends, nachts, auf der Arbeit, im Auto, unter der Dusche, beim Joggen, beim Denken, bei Wut oder Freude, bei Schwierigkeiten usw. Jeder Mensch führt ab und an bewusste Selbstgespräche – in seinem Kopf oder auch laut. Was manchmal irre wirkt, ist dabei in den meisten Fällen kerngesund. Unbewusst führen alle Menschen ständig Selbstgespräche. All unsere Handlungen sind Selbstgespräche.

Jedes Mal kurz bevor du etwas machst, sprichst du diesen Wunsch aus. Aber es ist dir nicht bewusst. Man nennt es manchmal nur Instinkt. Ich habe instinktiv gehandelt. Nein, Instinkt ist eine Endsprache aus unserem unbewussten Kontakt mit anderen natürlichen Bereichen, anderen Dimensionen, die außerhalb unserer Wahrnehmung sind.

Wer seine innere Stimme gut hören kann, wird einen heilsamen Instinkt haben und sehr wenig im Leben falsch machen.

> **Probieren wir es doch einmal:** Sei sehr konzentriert. Versuche in dich hinein zu horchen. Nun willst du beispielsweise Wasser trinken. Hast du gehört, wie du dir sagst: „Ich will Wasser trinken"? Oder du musst mal zur Toilette, hörst du, wie du dir kurz bevor du aufstehst, um aufs Klo zu gehen, sagst: „Ich gehe zur Toilette…" oder „ich muss Pipi"?

Ja, das tun wir oft. Wir führen stille Gespräche mit uns. Alles, was wir tun, wird uns unbewusst suggeriert und ist eine Sprache. Wir kommunizieren ständig mit uns selbst, mit den verscheiden Teilen und Gebieten in uns, und merken es einfach nicht, weil alles so schnell geht. Das Leben um uns herum geht so schnell. Wir denken, wir funktionieren nur, das Äußerliche scheint das Kommando zu übernehmen und uns zu lenken. Aber in Wahrheit geschieht alles in uns. Führen wir Selbstgespräche, dann nehmen wir uns Zeit für uns, um Kontakt mit uns selbst aufzunehmen.

Selbstgespräche führen zu mehr Achtsamkeit.

Alles was wir tun, tun wir in Selbstgesprächen, weil sie uns dabei helfen Dinge zu erleichtern. Das ist **eine natürliche Funktion**, die wir leider bewusst wenig nutzen, um Probleme und Schwierigkeiten zu lösen.

Wenn uns dies bewusst wäre, wenn wir erkennen würden, dass der Dialog in und mit uns unser seelisches Wohlbefinden und somit auch unseren ganzen Körper und daraus unser Verhalten beeinflusst, würden wir selbst und von ganz allein die unglaublichsten Dinge tun. Wir würden **tolle Erfolge** erreichen und uns durch unsere innere Kraft selbst heilen. Dieses nicht wahrgenommene Potential in uns führt dazu, dass wir **nicht mal 1% von unseren natürlichen Fähigkeiten nutzen**.

Mit der Dantselogie hast du nun die Möglichkeit mehr von dir zu erfahren, mehr aus dir zu machen und deine natürlichen Fähigkeiten, die in dir stecken, zu nutzen. Zum Beispiel für Selbstheilung, zum Lösen von Problemen und zum Finden von Lösungen.

Dantselogie hilft dir sogar, anderen Menschen zu helfen, selbst wenn sie es nicht wissen oder merken.

Ende des Auszugs aus Teil 1

Teil 2

DANTSE DANTSE

DantseLOGIK™
Meistere dein Leben

DANTSELOG
Die revolutionäre
Beruf & privat

Selbst-Dialog-
Kommunikations-Technik
zum Lösen von Problemen

Teil 2:
Die Dantselog-Technik

Das Dantselog-1x1 für Anfänger
Wie funktioniert Dantselog?
Der Praxisleitfaden – Schritt für
Schritt dein Leben meistern

afrikanisch inspiriert

Jetzt lässt du Wunder entstehen!
- ✓ Ziele erreichen
- ✓ Lösungen finden
- ✓ Leistung steigern
- ✓ Persönlichkeit stärken
- ✓ Schicksal gestalten & meistern
- ✓ Krankheit heilen & Trauma bewältigen

Dein Therapie- und Coaching-Buch zum Selbermachen

indayi edition

DIE GANZHEITLICHE WUNDERKRAFT
DES SELBSTGESPRÄCHS

Wie funktioniert Dantselog?

Die Techniken des Dantselogs

> **Dantselog macht aus Objekten, seien es Dinge, Personen oder Ideen und Gedanken, imaginäre kompetente Partner, mit denen man reden, ihnen Befehle erteilen oder auch von ihnen Instruktionen, Lehren, Ratschläge, Lösungen, Unterstützung usw. erhalten kann.**

Es geht immer darum, dem betreffenden **Objekt eine Energie und Natur zu geben und es zu personalisieren**, um durch Gespräche mit ihm, egal welcher Art, das Positive in ihm zu nutzen. Damit werden Lösungen gefunden oder seine negative Wirkung beseitigt. Das funktioniert, weil alles, das Energie trägt, auch kommunizieren kann. Es kann **vibrieren, schwingen und Wellen senden**. Somit kann man sie auch transformieren, modellieren und lenken.

Die **möglichen Lösungen sind vielseitig**: ein positives Ergebnis bekommen, Krankheiten heilen, sich motivieren, Mut erhalten, Angst verjagen, Ideen bekommen, Ruhe haben, gute und richtige Entscheidungen treffen, Entscheidungen Dritter beeinflussen, einen neuen Job oder eine Gehaltserhöhung bekommen, Menschen überzeugen, Prüfungen bestehen, seine eigene Anziehungskraft erhöhen, seine Persönlichkeit stärken, die Kraft und

Wirkung seiner Aura und Ausstrahlung verstärken, seine sexuelle Potenzkraft steigern usw. So wie man Lösungen für sich erzielt, kann man auch **für eine dritte Person**, sogar ohne ihr Wissen, Lösungen erreichen.

Wie genau diese **Gespräche ablaufen kann sehr unterschiedlich** sein, ganz nach persönlicher Veranlagung. Man kann flüstern, leise, laut oder nur innerlich reden, man kann die Gespräche allein oder unter Menschen führen, zu Hause, beim Sport, beim Spaziergang usw.

Meiner Meinung nach ist **die Bibel** das vollständigste und wahrhaftigste Therapiebuch, das es je gegeben hat. Schauen wir uns doch noch einmal dieses **Selbstgespräch aus der Bibel** an:

> **„WAS BETRÜBST DU DICH, MEINE SEELE, UND BIST SO UNRUHIG IN MIR? HARRE AUF GOTT; DENN ICH WERDE IHM NOCH DANKEN, DASS ER MEINES ANGESICHTS HILFE UND MEIN GOTT IST."**
> **PSALM 42,6**

Hast du etwas bemerkt in diesem Zitat? Hast du vielleicht eine Methodik in diesem Gebet erkannt? **Lies es noch einmal ganz langsam und in Ruhe.**

Jetzt hast du es verstanden:

Hier versucht ein Mensch, seine Seele zu beruhigen, weil er selbst unglücklich und unruhig ist. Dabei hat er erkannt, dass Grübeln und sich Sorgen nichts hilft. Deshalb fordert er sich selbst auf, sich vertrauensvoll im Gebet an Gott zu wenden, womit aus dem Monolog ein Dialog wird, obwohl er alleine redet. **Er redet mit seiner Seele, als ob sie eine Person wäre**. Das ist der Punkt der Verknüpfung mit dem Dantselog. Die Seele wird somit zu einem Gesprächspartner gemacht und er stellt seiner Seele eine klare Frage.

Seine Vorgehensweise ist strukturiert. Er will zuerst wissen, was ihn betrübt, **was das Problem ist** und woher es kommt (Problemursachen-Findung: Suchen und Erkennen) und erst dann hört er eine **Lösung**: „Harre auf Gott", die er sich selbst in der dritten Person zuspricht. Dem will er gehorchen. Das bedeutet, **er vertraut** diesem Ratgeber

Man sieht in seinem Vorgehen deutlich die **verschiedenen Schritte**:

✓ **Problemdarstellung, Ursachensuche,**

✓ **erst dann Rat suchen (Lösungsfindung),**

✓ **dabei hat er vollstes Vertrauen in den Rat und damit auch die Bereitschaft, diesem Rat zu folgen.**

Das bedeutet, Vertrauen in den Ratgeber, Vertrauen in sein Selbstgespräch.

Weiter redet er mit seiner Seele, **als ob sie eine Person wäre**, die ihm zuhört. Er definiert sein Leiden, bzw. was in ihm leidet und auf der Suche nach einer Lösung führt er ein Gespräch. Er lokalisiert den Ort des Problems.

Ich weiß, diese Technik wird erst einmal sehr einfach für dich klingen, aber in der Regel sind **die einfachen Dinge am effektivsten**. Du liest sie und du hast das Gefühl, es irgendwie schon gewusst, aber dennoch nie angewandt zu haben. Wir sind allerdings so programmiert, dass wir denken, dass hilfreiche Dinge auch gleichzeitig schwierig und kompliziert sein müssen. Das Auto muss kompliziert sein, das Flugzeug, die Bahn, das Smartphone usw. **Alles muss kompliziert sein, damit wir glauben, dass etwas geleistet wurde** und wir das Beste haben. Wenn etwas leicht ist, glauben viele Menschen nicht, dass es etwas taugt. **Ich werde hier trotzdem alles ganz einfach erklären.** Die Technik des Dantselogs und der ganze Ablauf sollen nicht mit unnötig schwierigen Formulierungen und zusätzlichen Informationen aufgepumpt werden, nur damit es riesig erscheint, so wie viele andere Ratgeberbücher es machen. Und damit du Dantselog noch leichter anwenden kannst, werde ich **viele praktische Beispiele** nutzen.

Noch ein kleiner Tipp vorweg:

Damit du gut und gründlich lernst, ist es am Anfang besser, **Dantselog schriftlich zu üben.** Du kaufst dir ein Dantselog-Heft und schreibst alle Übungen hinein. Du lernst die Methode mit kleineren Beispielen und wenn du darin geübt bist, kannst du immer direkt alles im Kopf durchführen, ganz ohne Hilfsmittel.

Üben, üben, üben

Praktiziere Dantselog so oft du kannst und bald wirst du in der Lage sein „Wunder" zu bewirken.

Am Anfang scheint es schwer zu sein, es ist **schwierig zu verstehen**, sagst du dir. Aber du musst dir vorstellen, was dahintersteckt. Es ist eine Sammlung von unterschiedlichem Wissen (manches davon sogar geheim), das nicht immer mit einfachen bekannten wissenschaftlichen Methoden zu erklären ist, das aber die mächtigen Menschen der Welt nutzen, um Dinge zu schaffen, die man uns als Magie und Wunder erklärt. Das alles in einem Buch als eine Art Lehre zu vermitteln, damit sie jeder für sich nutzen kann, ist extrem schwierig und bedarf sehr viel Zeit.

Zunächst dauert es relativ lange, bis du das, was du willst, bekommst. Aber von da an geht alles leichter und du hast dann ein anderes Leben, **einen anderen Bewusstseinszustand**, eine andere Macht, die dein Leben total verändert und deine Möglichkeiten erweitert.

Am Anfang gehst du nur strikt wie hier beschrieben nach diesen **außergewöhnlichen Techniken** vor. Schon nach wenigen Tagen wirst du feststellen, dass du dich viel schneller entspannst als du dachtest und nach wenigen Wochen wirst du merken, dass du nur noch wenigen Minuten brauchst, um Ergebnisse zu erzielen.

Obwohl das Ergebnis je nach Thema sehr unterschiedlich ausfallen kann, kannst du im Prinzip **nach nur 2 Wochen bis 1 Monat** kleine „Wunder" bewirken und nach 60 Tagen dann sogar

Dinge realisieren, die für dich bis dahin unvorstellbar waren. Du wirst nach wenigen Tagen feststellen, dass du nicht mehr die ganze Phase durchzulaufen brauchst und dass es dir reicht, **nur an etwas zu denken**, wie zum Beispiel an Entspannung, um diesen Entspannungszustand hervorzurufen.

Je mehr du übst und praktizierst, desto schneller und spektakulärer wirst du sein. **Fange mit kleinen Dingen an zu üben.** Oft wird es dir schwerfallen, zu glauben, was da passiert, dann wird eine Zeit kommen, in der alles sehr schnell geht, weil dein Geist sehr effektiv geworden ist. **Ein einfacher Gedanke genügt, um Einfluss zu erzeugen.**

Viel Erfolg

A   Entspannungsmeditation und die richtige Atemtechnik, die heilt

Bevor du mit Dantselog anfängst, ist es wichtig, diese vorge-schlagene, kurze und schnell wirkende Meditation zur **Entspannung von Seele, Geist und Körper** auszuführen. Diese Übung dient dazu, den Stress und Druck zu reduzieren, dich locker zu machen, negative Gefühle wie Wut, Angst oder Sorge zu vermindern und vielleicht ganz und gar zu beseitigen, deine Gedanken zu ordnen, dein Gehirn und deinen Darm empfänglicher zu machen und die Energie gut fließen zu lassen.

Diese Meditation wirkt aufbauend und unterstützt dich darin, ein **emotionales Gleichgewicht** zu erreichen. Diese Meditationsübungen helfen dir, den Kontakt mit allen Körperteilen und Organen herzustellen. Das ist wichtig für eine **gesunde und erfolgreiche interne Kommunikation**. Diese interne Kommunikation ist die Basis des Erfolgs beim Dantselog.

 Nach einigen Minuten dieser Meditation, wirst du die totale Entspannung spüren. Du bist tief in dir und du bist dir mit dir selbst einig. Deine Muskeln sind entspannt. Du spürst nun eine Steigerung des allgemeinen Wohlbefindens. Du bist innerlich ruhiger und gelassener. All das erhöht dein Selbstbewusstsein und dein Selbstvertrauen. Du brauchst ein starkes Selbstvertrauen beim Dantselog.

Am Anfang suchst du dir einen **ruhigen Ort**, wo du ungestört diesen Übungen nachgehen kannst. Mit der Zeit lernst du, sie überall durchzuführen, ohne dass es jemand bemerkt. Die Meditation fängt mit einer **Atmungs-Meditation** an.

A 1   Richtig atmen nach der DantseLogik

Diese Technik ist neu für dich und du wirst sie in keinem anderen Buch finden. Sie ist sehr effektiv, effizient und wirksam. Mit dieser Art von Technik **atmest du durch Aktion der Interkostalmuskeln in den oberen Teil der Lunge, und in den unteren Teil durch die Wirkung des Zwerchfells.** Das Zwerchfell, auch Diaphragma genannt, ist einer der stärksten Muskeln des Körpers. Es ist ein flacher, scheibenförmiger Muskel, der den Brustraum vom Bauchbereich teilt. Das Zwerchfell trennt die rechte Hälfte der Lunge von der Leber und die linke Hälfte von Magen und Milz ab.

Mit dieser Technik schaffst du eine komplette Atmung durch den Bauch (Zwerchfell) und durch die Brust. Die Zivilisation hat die Menschen dazu gebracht **fast nur noch die Brustatmung** zu praktizieren. Damit atmen sie nicht richtig und das ist eine Ursache von Stress, Angst und Unwohlsein und einem häufigeren Auftreten eines Erstickungs-Gefühls bei modernen Menschen.

 Mit dieser Technik schickst du den Sauerstoff in alle Ecken deines Köpers und befreist dein Gehirn. Es stärkt dein Konzentrations- und Gedächtnisvermögen, verbessert deine emotionale Kraft und das sogar mit einer sofortigen Wirkung. Es bereinigt die Energie.

So atmest du nach der DantseLogik richtig, damit es heilsam ist.

1. Auf einen Zug langsam und tief ca. 7 Sekunden durch die Nase und den Mund einatmen,

2. die Luft ca. 3 Sekunden anhalten, ohne den Hals zu blockieren, nur indem man die Muskeln aufgeblasen hält

3. Schubweise (immer ca. 1 Sekunde) ca. 5 Sekunden langsam durch den Mund ausatmen.

Diese drei Schritte werden insgesamt **drei Mal wiederholt**. Dann ca. **7 Sekunden die Luft anhalten**, aber diesmal mit blockiertem Hals und ohne die Muskeln aufgeblasen zu halten.

Danach beginnst du mit dem 3. Schritt und führst alle **Schritte in umgekehrter Reihenfolge** drei Mal durch, dann wieder in der richtigen Reihenfolge. Das wiederholst du so oft, bis du dich gut fühlst, allerdings müssen immer drei Wiederholungen ausgeführt werden, bevor du die Übung beendest und du musst immer mit dem letzten Schritt abschließen.

Du kannst mit der erweiterten Technik dieser Logik sogar **Trance-ähnlichen Zuständen** nahekommen. Aber allein die Basis der Übung reicht dir für den Dantselog.

Mit dieser Technik kannst du Kopfschmerzen, Migräne, Angstgefühle, Bauchschmerzen und viele psychosomatische Beschwerden sofort beseitigen. Diese Art von Atmung ist eine gute Massage der Darmorgane und der Darmregion

Am besten integrierst du diese DantseLogik-Atmung in deinen Alltag und du wirst verstehen, warum ich immer sage, dass ich nie Stress habe und ihn auch wirklich nicht kenne, oder warum ich kaum Kopfschmerzen oder nie Migräne habe.

A 2   DIE DANTSELOG-MEDITATION

Nun die eigentliche, nach deinen Wünschen erweiterbare Dant-selog-Meditation:

Du hast gerade die **Atmungs-Meditation** gemacht und bist nun sehr konzentriert auf dich. Du bleibst in diesem Zustand. Es geht leichter, wenn du deine **Augen schließt** und in dich hineinhorchst. Du siehst alles dunkel in dir. Konzentriere dich auf diese Dunkelheit. Deine Atmung wird automatisch langsamer und regulierter.

Du sprichst ganz leise, aber hörbar, Folgendes:

✓ **Ich spüre meine linken Fußzehen, ich spüre meine linken Fußzehen, sie entspannen sich, sie entspannen sich (*immer 2 Mal wiederholen*). Sie sind nun entspannt.**

✓ **Ich spüre meinen linken Fuß, ich spüre meinen linken Fuß, er entspannt sich, er entspannt sich. Er ist nun völlig entspannt.**

✓ **Ich spüre meine rechten Fußzehen, ich spüre meine rechten Fußzehen, sie entspannen sich, sie entspannen sich. Sie sind nun entspannt.**

✓ **Ich spüre meinen rechten Fuß, ich spüre meinen rechten Fuß, er entspannt sich, er entspannt sich. Er ist nun entspannt.**

- ✓ Ich spüre mein rechtes Bein, ich spüre mein rechtes Bein, es entspannt sich, es entspannt sich. Es ist nun entspannt.

- ✓ Ich spüre meinen rechten Oberschenkel...

So machst du das **mit allen äußerlichen Teilen deines Körpers**, von den Füßen, deine Beine über deine Geschlechtsteile, deinen Bauch, deine Brust, deine Hände und Arme, deinen Hals, dein Gesicht bis nach ganz oben zu den Haaren.

Das **Ende der Meditation** geht so:

- ✓ Ich spüre nun alle Körperteile meines Körpers, ich spüre nun alle Körperteile meines Körpers, sie entspannen sich, sie entspannen sich. Meine Körperteile sind nun völlig entspannt.

- ✓ Ich spüre meinen Körper, ich spüre meinen Körper, er entspannt sich, er entspannt sich. Mein Körper ist nun völlig entspannt.

Ich bin nun völlig entspannt, ich bin nun völlig entspannt.

Tipps: Während du diese Meditation machst und die Sätze rezitierst, fokussierst du deine ganze Konzentration auf die genannte Partie und du **visualisierst die Szene**: du stellst sie dir ganz real vor. Bei *„Ich spüre mein rechtes Bein"* stellst du dir vor, wie du dieses Bein siehst und wie du es spürst, als ob deine Hände drüber streichen würden. Bei *„Es entspannt sich"* stellst du dir das Bein vor und in deinen Gedanken spürst du tatsächlich, wie das Bein sich entspannt, wie es leichter und locker wird, als ob es darin keine Knochen gäbe.

Du fängst immer bei den Füßen an und gehst zum Kopf und dann folgen – bei der fortgeschrittenen Variante – die inneren Körperteile vom Kopf nach unten. Es ist wichtig, diese Reihenfolge einzuhalten. Du kannst noch viel mehr ins Detail gehen. Zum Beispiel kann sich jeder Zeh einzeln entspannen.

Wenn du dich mit der Zeit gut auskennst, brauchst du nicht immer alle einzelnen Teile individuell zu benennen. Aber **das Ende bleibt immer gleich**, egal ob Profi oder Anfänger:

„**Ich spüre nun alle Körperteile meines Körpers, ich spüre nun alle Körperteile meines Körpers, sie entspannen sich, sie entspannen sich. Meine Körperteile sind nun völlig entspannt.**

Ich spüre meinen Körper, ich spüre meinen Körper, er entspannt sich, er entspannt sich. Mein Körper ist nun völlig entspannt."

Meditation hilft, den **Alltag besser zu bewältigen** und positiver zu sein. Natürlich muss nicht gleich beim ersten Versuch der Meditation alles klappen. **Du brauchst Übung**, bis das Ergebnis zufriedenstellend ist. Macht dir keine Gedanken, wenn du die ersten Male nicht erfolgreich bist.

Du kannst mit dieser Meditation auch **negative Energie aus deinem Körper rausspülen.** Mehr dazu in Dantselogie Lehrbuch für Fortgeschrittene.

Atmung während der Meditation:

Du atmest ein, während du sagst „ich spüre meine linken Fußzehen", beim Erreichen des „… linken Fußzehen" bist du schon dabei auszuatmen. Danach ca. 3 Sekunden Pause, dann geht es zum nächsten Satz und das Gleiche wiederholt sich. „Ich spüre meine linken Fußzehen." Du atmest ein bis ungefähr zur Mitte des Satzes ein und ab da fängst du wieder an auszuatmen.

A 3   Meditation Für Fortgeschrittene

Diese funktioniert wie für die Anfänger beschrieben, nur kommen hier noch die **inneren Teile deines Körpers** – von deinem Blut, das gut fließt, bis hin zu den Knochen über die Nieren, den Darm und die anderen Organe – dazu und weiter können Selbstliebe, Selbstvertrauen, Gedanken usw. folgen:

✓ **Ich spüre meine Gedanken, ich spüre meine Gedanken, sie entspannen sich, sie entspannen sich.**

Ja, die Gedanken führen ebenfalls zur Entspannung, wenn sie positiv werden. Wie genau das funktioniert, erkläre ich dir im Technik-Buch für Fortgeschrittene!

B   Die Phasen des Dantselogs

Vom Eingangsproblem bis zum „klinischen" Effekt am Organismus (bis zum Erreichen des Ziels) reicht eine Kette, die in viele zusammenhängende Phasen gegliedert ist.

Betrachte Dantselog immer als einen **Prozess, der in mehreren Phasen abläuft**. Erwarte nicht, bereits nach der ersten Sitzung ein Ergebnis zu bekommen. Du könntest es zwar bekommen, aber in der Regel wird es nichts bringen, direkt zum Endergebnis zu gehen. Diese Phasen sollte deine Dantselog durchlaufen:

1.   **Die Auswahlphase:** Hier geht es um die Auswahl der Dantseloger, der Gesprächsform und der Gesprächsart.

2. **Die Diskussionsphase:** Das Problem erkennen und definieren. Hier wird das Problem richtig ausdiskutiert und verstanden. Frage mit den W-Fragewörtern, um die Lage zu konkretisieren: Warum? Wieso? Was?

3. **Die Lösungssuchephase:** Die Diskussion ist nun beendet und es wird gezielt lösungsorientiert gesprochen und geredet. Was man erreichen will, rückt in dieser Phase in den Vordergrund, dabei helfen die Erkenntnisse aus der Diskussionsphase. Es soll kein Kämpfen und Ringen um eine Lösung geben! Alle möglichen Lösungsvorschläge zum Erreichen des gesetzten Ziels werden von den Dantselogern gemacht und registriert. Daraus soll eine Lösungssynthese erstellt werden. Eine Zusammenfassung aller Lösungsvorschläge hat mindestens 3 und maximal 5 Lösungen.

4. **Die Lösungserstellungs- und Verschreibungsphase:** Hier geht es, wie beim Arzt, um die Zusammenstellung des Medikaments, um es dem Patienten zur Einnahme zu verschreiben.

5. **Die Lösungsverschreibungsannahme- und Einnahmephase:** Hier wird das verschriebene „Medikament", das bedeutet die Lösung für das definierte Problem, angenommen und eingenommen.

6. **Die Realisierungs- und Wirkungsphase:** In dieser Phase gibst du den Dantselog die Instruktion „das eingenommen Medikament" wirken zu lassen. Die Lösung wird herbeigeführt. Von dem Moment an, in dem das „Medikament" (oder die Lösungsverschreibung) über deinen „Mund" in den „Magen" gelangt, beginnt ein Prozess, der

in der Dantselogie „Sprache als Realisierungsprozess" genannt wird. Hier lernst du, wie sich dieses spezielle „Medikament" (die Lösungsverschreibung) sich in deinem Körper oder in der besagten Situation freisetzt, entfaltet und die erwartete Wirkung erzielt. Außerdem bekommen die Dantseloger ihre unwiderrufliche Order, die zum gewünschten Ziel führen wird und ihnen wird befohlen, diesen Befehl auszuführen.

7. **Die Warten- und Ergebnisphase:** Die „So-sei-es-so-ist-es-Phase". Hier geht es um die Gewissheit, dass das Ziel erreicht ist. Das ist die Umsetzungsphase, die Umsetzung der angeordneten Befehle und Beschwörungen. Durch ständige Evaluierung und eventueller Dosisanpassung wird das Erreichen des erwarteten Ziels herbeigeführt. Du bist sicher und überzeugt, dass du erfolgreich dein Ziel erreicht hast.

BEACHTE:

ALLE DIESER SIEBEN SCHRITTE MÜSSEN UNBEDINGT AUSGEFÜHRT WERDEN, WENN DU DANTSELOG DAS ERSTE MAL PROBIERST. DAS IST WICHTIG, UM DIE VOLLE KRAFT DES DANTSELOGS ZU ENTFALTEN UND SEINE VOLLE WIRKUNG AUF DAS PROBLEM ZU SCHAFFEN. ES IST WIE DAS GRABEN EINES TUNNELS, DER DURCH EINEN BERG FÜHRT. MAN FÄNGT NICHT IN DER MITTE ODER AM ENDE AN. ES FÄNGT MIT DEM ERSTEN ABKLOPFEN AM ANFANG DES BERGES AN. MAN KOMMT NUR AUF DER ANDEREN SEITE AN, WEIL MAN NACH UND NACH DIE STEINE ABGEKLOPFT UND ABTRANSPORTIERT HAT. DAS BEDEUTET, JEDE PHASE KLOPFT AN DAS PROBLEM UND FORMULIERT ES IMMER EIN WENIG ANDERS: JEDE PHASE BRINGT DICH NÄHER AN DEIN ZIEL. (LÖSUNG, HEILUNG USW.)

C   Persönliche Bestandsaufnahme vor der Diskussionsphase

Bevor du anfängst, mit der Dantselogie dein Ziel erreichen zu wollen, sei es ein Problem lösen, eine Krankheitsbehandlung unterstützen, eine Krankheit heilen, die Beziehung retten, deinen Partner zurückholen, eine Gehaltserhöhung bekommen usw., machst du eine **Bestandsaufnahme** davon, wie es dir geht, wie dein oder der allgemeine Zustand gerade ist. Im Laufe der verschiedenen Phasen wirst du immer wieder diesen Zustand messen und sehen, wie er sich entwickelt. Es geht darum, zu messen, wie du dich fühlst. **Emotionen sind gefragt**. In einem **Tagebuch** beschreibst du nun die Lage, deinen Zustand oder den Zustand der Beteiligten (Verhalten, Gefühle, Gedanken, Gesundheit, Reaktionen usw.). Versuche, so detailliert wie möglich zu arbeiten, **diese Fragen** können dir dabei helfen:

✓   **Wie geht es dir jetzt?**

✓   **Was hat sich bei oder in dir, in deiner Vorstellung, in deinen Gedanken, in deiner Psyche, in deinem Körper verändert?**

✓   **Wie siehst du zu diesem Zeitpunkt das Problem? Was belastete dich am meistens?**

✓   **Was macht dir Sorge, Angst?**

✓   **Was hat sich an dem Problem geändert?**

Wenn du deinen Ausgangszustand ausführlich beschrieben hast, fängst du mit den verschiedenen Phasen an.

1.

Auswahl-

phase

Hier werden Probleme definiert und Ziele gesetzt, Gesprächsart und Gesprächsform ausgewählt, Dantseloger definiert und ernannt usw.

1.1 So fängst du als Anfänger mit Dantselog an: Vorbereitung und Auswahl

1.1.1 Schritt 1

Das magische Erfolgsgesetz: Das aktive mentale Einstellungsgesetz, das wirklich hilft

Es gibt wahrlich **eine höhere Macht**, die über uns wacht und immer alles daransetzt, **dass es uns gutgeht.** Daran zu glauben ist eine aktive mentale Einstellung, es ist eine handelnde Einstellung, **eine Einstellung, die hilft**, heilt, Lösungen findet, Frieden und Freiheit bringt, Angst und Sorge beseitigt, zuversichtlich und selbstbewusst macht, Druck und Blockaden verschwinden lässt.

Bevor du nun mit dem ersten Schritt anfängst, führe die kurze Dantselog-Meditation durch, die du Kapitel A kennengelernt hast. **Wenn du dich sicher fühlst, verinnerliche tief und in meditativer Entspannung dieses Gesetz der positiven inneren Einstellung:**

DIE „MAGISCHE" ERFOLGSFORMEL

> **„Alles und alle um mich herum und in mir tragen dazu bei, dass ich mein Ziel erfolgreich erreiche und glücklich bin. So war es immer gewesen, so ist es immer geplant worden, auch diesmal wird es so sein, so wird es geschehen, so ist es geschehen, so sei es. Danke!"**

Dieses Gesetz sprichst du mit lachender oder lächelnder Freude: **Du bist dankbar dafür, dass du dieses Gesetz aufsagen darfst.**

Du kannst aus vollem Herzen in dir lachen, indem du dich lachen siehst und hörst und dabei jubelst. Am bestens ist es aber, wenn du **frei und laut diese Sätze** sprichst und lebendig und echt mit **voller Freude lachst**. Im Endeffekt soll es aber jeder machen, wie er will und wie es zur Situation passt.

Die „magische" Formel mit lachender, dankbarer Freude, wird dein **zentraler Inspirations- und Motivationssatz** sein. Er trägt die Energie und ist die Energie. Er bekämpft und schützt vor ankommenden und eindringenden negativen Gedanken und Gefühlen, indem du ihnen diese Sätze entgegenstellst.

Vergewissere dich, weil es wirklich wahr ist, dass alles, was passiert, am Ende immer gut für dich ist. Das bedeutet: Sei innerlich bereit, nach so einer Dantselog-Therapie das Ergebnis zu akzeptieren, auch wenn es anders kommen sollte als dein gewünschtes Ziel am Anfang. Denn du kannst 100% sicher sein, dass dieses Ergebnis das Beste für dich ist. Diese Behauptung wirst du nach einiger Zeit immer wieder bestätigt bekommen.

Jetzt bist du bereit für Schritt 1:

Das magische Erfolgsgesetz:
Die Formel der inneren geistigen Einstellung

Schreibe die magische Erfolgsformel nun auf dein Übungspapier oder in dein Dantselog-Heft, um sie noch tiefer zu verinnerlichen:

„Alles und alle um mich herum und in mir tragen dazu bei, dass ich mein Ziel erfolgreich erreiche und glücklich bin."

oder

„Alles und alle um mich herum und in mir tragen zu meinem Erfolg und Wohlergehen bei."

dann

„So war es immer gewesen,
so ist es immer geplant worden,
auch diesmal wird es so sein,
so wird es geschehen,
so ist es geschehen,
so sei es.
Danke."

Alles was dir passiert, auch Unglück und Pech, konkurrieren zu deinem Wohlergehen, jetzt oder später.

Dieses Gesetz ist die Wahrheit, kein anderes Gesetz kann dieses göttliche Gesetz ersetzen oder verändern.

Diese Formel ist das A und O für deinen Erfolg. Du sollst daran **fest glauben und festhalten**. Dabei ist es egal was passiert, weil dieses Gesetz die Wahrheit ist. Sogar **deine Feinde helfen dir, dein Ziel zu erreichen**, ohne es zu wissen. Auch was wir Unglück nennen passiert nicht ohne Grund: Ein Schmerz will dir sagen, dass etwas zu ändern ist. Übergewicht will dir sagen, dass du dich schlecht ernährst. Diabetes will dir sagen, dass dein Körper überzuckert und überfettet ist.

Alles, wirklich alles, was mit uns passiert, ist **immer eine positive Mitteilung**. Nur die Deutung durch uns kann diese Mitteilung zu etwas Negativem machen. Da dieses Gesetz eine Wahrheit ist, ist es automatisch eine **Kraft und transportiert somit Energie**, die auf alle anderen Handlungen positiv wirken. Der Glaube daran kann nur noch eines mit sich bringen: **deinen Erfolg**.

 Jedesmal, wenn du unsicher bist, wenn du zweifelst, wenn etwas dir Angst und Sorge macht, wenn etwas Schmerzhaftes passiert, wenn du krank bist, wenn du gemobbt wirst, wenn ein „Unglück" passiert, wenn du eine „Niederlage" erleidest, wenn du scheiterst oder versagst oder wenn du verlassen bist, sage dir einfach dieses Erfolgsgesetz auf und glaube fest daran und du wirst sehen, was mit dir passiert.

Tipp:

Du kannst dieses Gesetz der positiven inneren Einstellung mit deinen **eigenen Worten** verfassen. Bei Fortgeschrittenen kann dieses Gesetz auch **mit etwas verbunden** werden: mit Farben, Musik, Steinen, Schmuck. Wenn du diese Farbe siehst oder die Musik hörst oder diese auch nur imaginiert, rufst du dir dieses Gesetz in deinen Geist zurück, ohne es ausdrücklich auszusprechen. Wie du das schaffst, zeige ich dir in der Version für Fortgeschrittene.

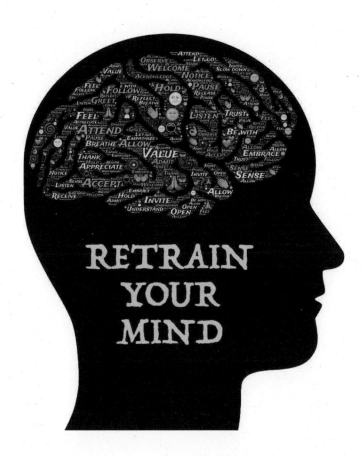

1.1.2 Schritt 2

Ist-Zustand: Das Problem klar, sachlich, logisch und deutlich definieren und affirmativ darstellen

Beim Dantselog ist es wichtig, das Problem oder die **Probleme genau zu erkennen, zu definieren**, darzustellen und exakt zu benennen. Es geht in diesem Schritt darum, eine Beschreibung des aktuellen Problems möglichst **objektiv, ohne Bewertung**, Kommentar, Rechtfertigung und Verzerrung darzustellen.

In der Definition des Problems dürfen sich noch **keine Ideen für Wege zur Zielerreichung** finden und über mögliche Wege wird in diesem Schritt auch nicht diskutiert. Kein warum, wieso, woher. Die Definition darf auch nicht die Möglichkeiten der Denkanstöße begrenzen. **Das Problem richtig logisch definieren ist die Basis des Erfolgs des Dantselogs.**

Die genaue Definition des Problems erfolgt affirmativ, das heißt in diesem Fall: mit positiven Aussagesätzen. Vermeide jede Art von Verneinung, benenne die Dinge klar und deutlich beim Namen und verwende keine unklaren Umschreibungen!

Beispiele für affirmative, klare und deutliche Sätze über sich selbst (eine Übung in Demut!):

Ich bin blockiert, ich bin müde, mein Kopf tut weh, ich habe Migräne, ich bin depressiv, ich werde gemobbt, ich habe Krebs, mein Bein tut weh, morgen wird mir ein Zahn gezogen und ich habe fürchterliche Angst, ich schäme mich, ich traue mir nichts zu, ich bin blockiert, ich bin unglücklich, ich habe ein schwaches Selbstwertgefühl, ich habe eine schwache Konzentration, ich werde leicht abgelenkt, die Prüfung macht mir Angst, ich bin wütend, ich habe Angst vor ihm, ich habe eine Präsentation am Montag und ich bin verunsichert, ich bin antriebslos, ich komme beim Sex zu früh, ich habe eine schwache Potenz, ich habe eine schmerzhafte Regel, ich esse und kotze, ich habe Depressionen, ich bin zu dick und fett, trotz Diät werde ich immer fetter, ich will ein Haus kaufen, ich will mich trennen, ich will sie wiederhaben, ich bin eifersüchtig, ich brauche Geld, ich bin pleite, ich brauche einen Investor, ich habe Angst vorm Fliegen, ich will eine größere Wohnung, ich will, dass sie verschwindet, ich brauche einen neuen Job, usw.

Tipp:

Benutze deinen eigenen Namen: „Dantse, was willst du?" Beim Selbstgespräch hilft es dir, konstruktiver zu denken, wenn du deinen eigenen Namen verwendest.

Beispiele für affirmative, klare, deutliche Sätze über eine dritte Person:

Mein Kollege mobbt mich, er hasst mich, er bedroht mich, er ist krank, sie mobben ihn, sie diskriminieren ihn, er wird diskriminiert, er liebt mich, aber ich ihn nicht, sie will ein Kind, aber ich will kinderlos bleiben, sie gefällt mir und ich will sie, er braucht Hilfe, sie ist eifersüchtig, sie ist eine Lügnerin und falsch, er hat Angst vor der Prüfung, es geht ihm schlecht, er hat morgen sein Bewerbungsgespräch, sie hat Streit mit ihrem Mann, mein Vater ist krank, meine Nichte hat eine schwere Prüfung und hat Angst davor, usw.

Das hilft dir, um ein Problem zu definieren:

1. Fragen stellen

Fragen ermöglichen es dir, dich mit der Situation auseinanderzusetzen, um das Problem genau zu erkennen. Zum Beispiel so:

- Was ist los mit mir?
- Was ist los auf der Arbeit?
- Was ist los mit meinem Partner?
- Was ist los mit meiner Gesundheit?
- Was ist das Problem?
- Worum geht es?

- Was stört mich?
- Warum ärgere ich mich?
- Warum bin ich betrübt?
- Warum habe ich Stress?
- Warum habe ich Angst?
- Habe ich etwas falsch gemacht?
- Was tut weh und warum?
- Warum tut er das?
- Warum ist er böse zu mir?
- Warum will er mich verlassen?
- Wieso redet er schlecht über mich?
- Wer ist sie?
- Was will er von mir?

Beim Definieren des Problems durch Fragestellungen bekommst du eine Hilfestellung, das Problem in affirmativer Art deutlicher zu definieren.

Bleib dabei vorerst ganz faktisch

 Emotionen helfen dabei, die richtige Affirmation zu erkennen, aber um ein Problem genau zu erkennen, ist es gut, neben den Emotionen logisch und faktisch zu bleiben und zu denken.
Sammle also alle Fakten zu deinem Thema.

2. Das Problem umformulieren

Anstatt dich zum Beispiel zu fragen:

„Wie steigere ich meine Leistung?"

formuliere um in:

„Wie verbessere ich meine Leistung?"

3. Probleme segmentieren

Jedes Problem besteht oft aus vielen kleineren anderen Problemen. Das Zerlegen eines Problems in viele kleinere, ermöglicht es dir, es besser zu durchschauen und zu verstehen.

4. Aus anderen Perspektiven sehen

Oft hat ein Problem mit anderen Menschen zu tun. Dann versuche, die Sache aus seinem Blickwinkel zu sehen. Du bist ein Händler? Versuche die Sache aus der Sicht der Kunden zu betrachten.

5. Was ist nicht das Problem?

Versuche, das Problem einzugrenzen, indem du genau benennst, was nicht das Problem ist. Diese Frage hilft, das Problem einzugrenzen und schnell Irrelevantes auszusortieren.

Ein Problem klar und deutlich definieren, bedeutet nicht unbedingt, dass du weißt warum du das Problem hast oder woher es kommt.

Wenn du das Problem nicht klar und deutlich definieren kannst, ist das auch eine Art, das Problem zu definieren. Dann ist dein Problem zum Beispiel:

„Ich bin wütend, aber ich weiß nicht, warum oder ich weiß nicht, was mit mir los ist, aber ich fühle mich elend oder ich weiß nicht und kann nicht definieren, wo das Problem ist."

Wenn du all diese Fragen für dich geklärt hast, **erfülle nun Schritt 2**, indem du das Problem schriftlich auf deinem Übungspapier oder in deinem Übungsheft benennst und affirmativ darstellst.

Im Falle von **Anne** (Geschichte in Band 1: „Erster Orgasmus mit 60") würde die Beschreibung **zum Beispiel** lauten:

Ich bin 60. Ich habe noch nie einen Orgasmus gehabt und das macht mich todunglücklich.

Es wäre hier **falsch** zu schreiben: „Ich bin 60. Ich habe noch nie einen Orgasmus gehabt und **mein Problem ist, dass ich jetzt ein Orgasmus will.**" Das Begehren eines Orgasmus ist nicht das Problem, sondern bereits der Weg zur Lösung des Problems.

1.1.3 Schritt 3

Ziel setzen, das man erreichen will (aber nicht MUSS): Was will ich erreichen?

Eine klar definierte Zielsetzung trägt zum Erfolg des Dantselogs bei. Wähle dir ein Ziel, das dir wichtig ist. **Das Ziel MUSS ganz KONKRET sein.** Je konkreter ein Ziel ist, desto leichter ist die Fokussierung darauf und demzufolge ist auch das Erreichen des Ziels einfacher. Um innere Blockaden zu vermeiden, und um sich selbst nicht einzuschränken und zu beschränken und somit andere vielleicht bessere Alternativen zu seinem anfangs gesetzten Ziel zu übersehen, ist **das gesetzte Ziel zuerst nur das Wunschziel.**

Das Wunschziel ist nicht unbedingt das richtige Ziel für dich!

Du definierst hier ein ganz konkretes Ziel, das du zu erreichen **wünschst**, das du aber nicht erreichen **MUSST**. So hast du die Chance, während der Übung vielleicht festzustellen, dass dein am Anfang definierte Ziel doch nicht mehr das ist, was du wirklich brauchst. Das Ziel als Wunsch zu setzen, lässt den Gedanken die Flexibilität, dein Ziel ohne Verkrampfung und negativen Druck zu erreichen. Das hilft dir am Ende, **das Erreichte zu akzeptieren und glücklich damit zu leben**.

Darum geht es am Ende:

Glücklich zu sein, mit dem, was man hat. Man sollte dabei nicht vergessen, dass Dingen nicht einfach so passieren.

Realistische und unrealistische Ziele - lass die Grenzen offen

Manche sagen, dass das Ziel realistisch sein sollte. Dem stimme ich grundsätzlich zu, aber man sollte seine Realität nicht aus Angst begrenzen. Oft ist, was wir Realität nennen, nur das, was wir mit den fünf bewussten und definierten Sinnen (tasten, sehen, hören, schmecken, riechen) wahrnehmen können und nicht wirklich das, was wir eigentlich können. **Unsere Kapazität ist oft größer, als wir denken.** Andere Sinne sind da, aber wir nehmen sie nicht offenkundig wahr. Deswegen ist es ratsam, sich die Ziele lieber etwas höher als zu niedrig setzen. Das hilft sehr dabei, sein Ziel zu erreichen.

Für mich ist jedes Ziel erreichbar, solange es nicht utopisch ist. Zum Beispiel: nur wer durch Geburt Amerikaner ist, darf als Präsident der Vereinigten Staaten kandidieren. Es wäre utopisch für mich, jetzt nach Amerika zu gehen, dort zu leben, die amerikanische Staatsbürgerschaft zu bekommen und mir als Ziel zu setzen, Präsident von Amerika zu werden. Es würde sehr schwierig sein, denn die Verfassung erlaubt es nicht. Ein besseres Ziel wäre es dann, dazu beizutragen, dass diese Passage in der Verfassung geändert wird.

Ein für die große Mehrheit damals „unrealistisches Ziel" war der Wunsch von **Barack Obama** als schwarzes, nicht aus einer reichen Familie stammendes Kind Präsident von Amerika, einem Land in dem fast 90% der Menschen nicht schwarz sind, zu werden. Er ist es schlussendlich aber tatsächlich geworden. Ähnliche Ziele darf man sich auf jeden Fall setzen. Obama ist in Amerika geboren und erfüllte somit alle Bedingungen. Nur der Wille der Menschen war seine Barriere. Solche „unrealistischen Ziele" kannst du dir mit Dantselog setzen, denn **unter bestimmten Bedingungen ist alles, was man sich wünscht, erreichbar**.

Lass dir alle Grenzen offen und höre nicht auf Leute, die dir sagen werden:

„Hör zu, du kannst es nicht schaffen. Keiner hat es bis jetzt geschafft. Mach das nicht, denn es ist unmöglich, dass ein Afro-Deutscher Kanzler wird, da die Deutschen noch nicht weit genug dafür sind …"

Alles, was heute Realität ist, wurde in der Vergangenheit als schwachsinnige, unrealistische Sache disqualifiziert. Da kommt einem wieder die Quantentheorie in den Sinn. **Lebe in der Zukunft** und du kannst deine Gegenwart so gestalten, wie du willst. Heute, wie du jetzt siehst, ist schon Vergangenheit. Wenn jemand dir heute sagt:

„Hey, du als Schwarzer kannst nie Kanzler werden!“,

dann hat er Recht, denn er bezieht sich aufs jetzt und jetzt ist die Vergangenheit. Er redet somit in der Vergangenheit. Antworte ihm deswegen so:

„Du hast recht, gestern war es so, aber ich rede von morgen und da kann ich mitgestalten.“

Ein Beispiel aus der Praxis:

Als ich mein erstes Buch schrieb, hatte ich mir ein Ziel gesetzt. Ich wollte meine Bücher auf Deutsch schreiben und als Afrikaner mit der deutschen Sprache Bestseller-Autor werden mit Büchern, auf denen „afrikanisch inspiriert" stehen sollte. Andere sagten mir, dass das eine Provokation wäre, denn die Deutschen würden keine Ratgeber von einem Afrikaner kaufen.

Mein zweites Ziel war es, über 25 Bücher zu schreiben. Heute bin ich bei 80-100 Büchern und viele davon waren Bestseller. Damals, vor 4 Jahren belächelten mich alle, sowohl Afrikaner und andere Migranten als auch Deutsche. Und heute? Meine Leser sind die Deutschen!

Ich möchte damit sagen, dass manchmal wahnsinnige Ziele, die aber aus eigener Kraft realistisch schaffbar sind, dabei helfen, das gewünschte Ziel besser zu erreichen. Man sollte nicht aus Angst oder aus Mangel an Selbstbewusstsein seine Ziele einschränken.

Ziele setzen fängt mit der Frage an, die eine Lösung zum Problem im Schritt 2 geben sollte. Die Frage ist:

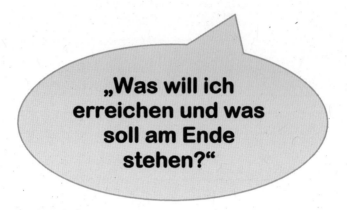

„Was will ich erreichen und was soll am Ende stehen?"

Das hilft dir, dein Ziel konkreter, realitätsnah und genau zu definieren:

1. Fragen stellen

Mach dir bewusst, was genau du mit dem Dantselog bei deinem Problem erreichen willst. Deswegen beschäftigst du dich mit weiteren anderen Fragen, wie:

- Was sollte am Ende rauskommen?
- Was will ich mit Dantselog erreichen und warum?
- Was will ich ändern?

→Was genau möchte ich erreichen:

- ⬦ Einen Streit beenden?
- ⬦ Einen Schmerz, eine Krankheit beseitigen?
- ⬦ Meine Persönlichkeit stärken?
- ⬦ Mich motivieren?
- ⬦ Eine Situation verstehen?
- ⬦ Meine Freundin wiederhaben?
- ⬦ Meine Ängste beseitigen?
- ⬦ Die Prüfung bestehen?
- ⬦ Suche ich überhaupt, was ich will?
- ⬦ Wie viel Zeit stehe ich mir zu, um das Ziel zu erreichen?
- ⬦ Schade ich jemandem mit diesem Ziel?
- ⬦ Was ist, wenn ich dieses Ziel erreicht habe, wie geht es weiter?
- ⬦ Werden mehrere Zwischenschritte nötig sein?
- ⬦ Worauf muss ich achten oder verzichten?
- ⬦ Kann ich das wirklich?
- ⬦ Kann ich wirklich jeden Tag joggen gehen?
- ⬦ Ist es wirklich möglich jeden Tag mit dem Fahrrad zur Arbeit zu fahren?
- ⬦ Werde ich wirklich Zeit haben, um jeden Abend frisch zu kochen?

2. Du bist es, es geht um dich

Das bedeutet: Schränke dich nicht ein, mach dich nicht lahm mit den Fragen, was andere dazu sagen werden, ob sie dich belächeln werden, böse auf dich sind usw.!

3. Konzentration auf Erfolg

Denke nicht darüber nach, ob du einen Misserfolg haben könntest oder nicht. Denn am Ende gibt es nur Erfolge, auch wenn das Endergebnis anders ausfallen sollte als gewünscht. Denn dieses Endergebnis wird für das Problem genau die passende Lösung zu diesem Zeitpunkt sein. Das erkennt man oft erst einige Zeit später. Sei innerlich bereit dafür. Du bist so oder so schon erfolgreich, weil du dabei bist, mit dir Dantselog zu machen. So definierst du energetisch deine Einstellung.

4. Visualisiere begeistert das Ziel

Male dir bildlich und begeistert im Kopf aus, wie schön es ist, wenn du dieses Ziel erreicht hast, wie du dich fühlst, wie glücklich du bist, wie deine Familie und die Menschen, die dich gerne haben, stolz auf dich sind, wie du bessere Jobchancen hast, wie dein Partner sexuell befriedigt wird usw.

5. Mögliche Herausforderungen, die du vielleicht noch nicht kennst, auf dem Weg zum Ziel akzeptieren

Mach dir von Anfang an bewusst, dass jedes Ding trotz toller Begeisterung seinen Preis hat und dass du, egal welches Ziel du dir setzt, **etwas dafür leisten musst**. Der Preis dafür sollte dir keine Angst machen oder dich am möglichen gewünschten Ziel zweifeln lassen. So kannst du dein Ziel ohne Hemmungen genauer definieren.

6. Dritten Personen nicht schaden

Deine Ziele dürfen nicht auf Kosten der anderen gehen. Du sollst mit deinem Ziel niemandem schaden wollen. Zum Beispiel: Du bist verliebt in eine Frau, die in einer anderen Beziehung ist. Zwar kannst du mit Dantselog schaffen, dass die Frau etwas von dir will, aber du schadest dem anderen Mann dabei. Du wirst vielleicht dein Ziel erreichen, aber es wird dich langfristig nicht glücklich machen. Es wird böse auf dich zurückkommen. Das ist das Gesetz des Universums.

Nun bis du bereit, **Schritt 3 auszuführen** und auf deinem Übungspapier oder in deinem Heft die Frage zu beantworten: Was will ich erreichen? Daraus kannst du dann das Ziel, das du erreichen willst definieren, klar benennen und festlegen.

Ein gutes Ziel für **Anne** wäre zum **Beispiel**:

„Ich will jetzt mit 60 meinen ersten Orgasmus bekommen."

1.1.4 Schritt 4

Auswahl der Dantseloger und des Dantselog-Experten: Mitwirkende Dantseloger definieren, kreieren und in deiner virtuellen Welt ins Leben rufen

Ich nenne die mitwirkenden Gesprächspartner in Dantselog die **Dantseloger** (der, die, das Dantseloger, was für dich am passendsten ist). Das sind die virtuellen, von dir bewusst erschaffenen Kreaturen, die du als Gesprächspartner während des Lösens eines Problems benutzt, um dein Ziel erfolgreich zu erreichen.

Die Gesprächspartner, die Dantseloger, müssen nun identifiziert werden

Wir sind jetzt in der Phase, in der du überlegen musst, welche Gesprächspartner zur Lösungsfindung bei deinem Problem in Fragen kommen. **Die Wahl dieser Akteure ist entscheidend für den Erfolg der Therapie.** Sie können jederzeit ersetzt oder um neue erweitert werden. Fehlt ein wichtiger Akteur, kann es dazu führen, dass das Ziel nicht erreicht wird bzw. ein falsches Ziel umgesetzt wird.

In dieser Phase sind es die **Anfangs-Dantseloger**, also diejenigen, mit denen man die Therapie anfängt. Im Laufe der Dantselogie kommen neue Dantseloger dazu und andere, die man nicht mehr braucht, verschwinden.

Die ersten Dantseloger definieren das Problem und den Zustand am Anfang, vor dem Beginn der Dantselog-Therapie. Mit den ersten Dantselogern fängt man die Therapie an und in jeder Phase der Dantselogie wird diese Liste korrigiert.

Wie schon erwähnt können **die Gesprächspartner** alles sein:

Personen: d. h. Menschen wie du – Arzt, Lehrer, Freunde, Ehepartner, Kinder, Familie, Kollegen, Trainer, Chef, Polizisten, Richter, Verkäufer, Kunden, Patienten usw.

Dinge: Tisch, Bett, Badewanne, Wasser, Auto, Handy usw.

Innere Organe: Herz, Lungen, Nieren, Blut, Nerven, Arterien, Darm usw.

Körperteile: Beine, Augen, Hände, Po, Penis, Vagina, Klitoris, Busen, Haut, Haare usw.

Krankheiten und Beschwerden: Migräne, Depression, Krebs, Diabetes, Bulimie, Zwangsstörungen, Übergewicht, Missbrauch usw.

Nahrungsmittel: Milch, Zwiebeln, Ingwer, Basilikum, Orangen, Bananen, Paprika, Pizza, Döner, Reis, Auberginen usw.

Momente, Situationen und Ereignisse: Geburt, Zahnarztbesuch, OP, Konferenz, Rede, Bewerbungsgespräch, Führerscheinprüfung, Klausur, Spaziergang, Sport usw.

Charaktereigenschaften: Demut, Dankbarkeit, Respekt, Höflichkeit, Liebe, Harmonie, Hilfsbereitschaft, Disziplin,

Freigiebigkeit, Selbstvertrauen, Selbstbewusstsein, Teamgeist, Verlässlichkeit, Egoismus, Arroganz, Ängstlich, Hinterhältigkeit, Faulheit, Verlogenheit usw.

Emotionen: Angst, Sorge, Unsicherheit, Selbstbewusstsein, Minderwertigkeitskomplexe, Schüchternheit, Fröhlichkeit usw.

Gefühle: Liebe, Hass, Traurigkeit, Freude, Glück, Aggressivität, Gewalt, negativ oder positiv Gefühle usw.

Außerdem: Sex, Orgasmus, Erektion, Medikamente, Yoga, Tanzen, ärztliche Behandlung, Therapie, Ort, Beruf, und noch viel mehr.

Einfach alles kann zum Dantseloger gemacht werden!

Jeder Dantseloger bekommt eine Aufgabe, eine Rolle, **eine Funktion von dir definiert**. Somit behältst du stets die Macht über deine virtuellen Kreaturen. Du bestimmst auch, **wann ihr „Leben" ein Ende hat**. Spätestens beim Erreichen des Ziels sind die Dantseloger schon wieder aus deiner Vorstellung, aus deiner Fantasiewelt bzw. deiner virtuellen Welt ausradiert.

In dem Moment, in dem du die Dantseloger benennst und zum **Gesprächspartner** machst, installierst du so etwas wie eine **Seele** in ihnen. Sie haben jetzt ein **Leben** und können mit dir kommunizieren. Und in dem Moment, in dem du ihnen eine **Aufgabe**, eine Funktion gibst, installierst du einen **Geist** in ihnen und sie werden zu **Kraft** und tragen **Energie**. Deine Dantseloger können auch Wellen aussenden oder Informationen mit dir austauschen. Sie sind **ansprechbar**. Sie können nun deine Befehle empfangen und ausführen, wie in der Bibel steht:

> **„SO WIRD MEIN WORT SEIN, DAS AUS MEINEM MUND HERVORGEHT. ES WIRD NICHT LEER ZU MIR ZURÜCK-KEHREN, SONDERN ES WIRD BEWIR-KEN, WAS MIR GEFÄLLT, UND AUSFÜH-REN, WOZU ICH ES GESANDT HABE.“**
> **JESAJA 55,11**

Für alle Dantseloger werden die Rolle, die Aufgabe und die Funktion **vor der Therapie definiert** und damit auch ihre Funktionen und Aufgaben, die sie während der Therapie bekleiden werden. Dabei soll nie das Ziel aus den Augen verloren werden. **Die Rolle wird festgelegt, aber nicht, was sie sagen soll!** Wie im normalen Leben bleiben Dantseloger, die nichts zu sagen haben, auch stumm und still. Man sollte es auch so belassen.

 Im Laufe des Dantselogs werden Dantseloger nach und nach eliminiert, während manche Dantseloger neu hinzukommen können. Am Ende bleiben dann die wichtigsten Dantseloger übrig, die dir helfen dein Ziel zu erreichen.

Bitte beachte:

Bei ganz **schweren psychischen Krankheiten** ist es besser einen **Therapeuten**, der die Methode Dantselogie beherrscht, aufzusuchen, damit er dir hilft, die geeigneten Gesprächspartner zu kreieren, die Gespräche zu **moderieren**, dich zu **leiten und zu lenken**, wie bei einer Hypnose-Sitzung. Er soll vorbereiten, dass die Dantseloger wieder verschwinden können und nicht zu einer permanenten Nebenperson werden. Oder erreichen können, dass du, wenn sie sowieso schon immer da gewesen sein sollten, die **ständige Macht über sie** hast. Therapeuten sollten sich mit der Methode gut auskennen. Ich biete dafür **Fortbildungen** an.

Es ist sehr wichtig, den Dantselogern, die Menschen sind, bei ihrem **richtigen Namen zu nennen**, denn einen Namen auszusprechen bedeutet, einen Gedanken hervorzurufen und ihn präsent und lebendig zu machen. Ein **magnetisches Energiefeld** entsteht dabei. Einen Namen auszusprechen bedeutet nicht nur, diese Entität entstehen zu lassen und zu definieren, ihr eine Lebensenergie und eine Handlungsenergie zu geben, denn durch das **kraftvolle Aussprechen des Namens** steht nun diese Entität wegen der magnetischen Kraft unter dem **Einfluss** dieses Namens. So kann diese Entität unbewusst in gezielten Selbstgesprächen Handlungen durchführen, die manche als okkultistisch bezeichnen würden, die aber, wie du hier sehen kannst, rein physikalisch und biomolekular, also wissenschaftlich, sind.

Führe nun Schritt 4 aus und benenne auf deinem Übungspapier oder in deinem Übungsheft deine Dantseloger und definiere ihre Funktionen und Aufgaben.

Anne könnte **zum Beispiel** folgende Dantseloger aufschreiben:

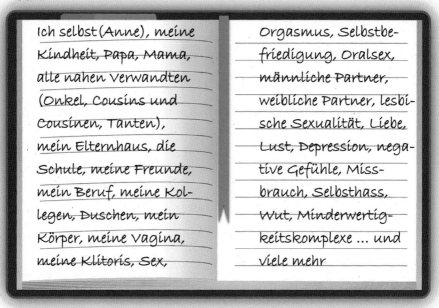

> Ich selbst (Anne), meine Kindheit, ~~Papa, Mama,~~ alle nahen Verwandten (Onkel, Cousins und Cousinen, Tanten), mein Elternhaus, die Schule, meine Freunde, mein Beruf, meine Kollegen, ~~Duschen,~~ mein Körper, meine Vagina, meine Klitoris, Sex,
>
> Orgasmus, Selbstbefriedigung, Oralsex, ~~männliche Partner,~~ weibliche Partner, lesbische Sexualität, Liebe, ~~Lust, Depression,~~ negative Gefühle, Missbrauch, Selbsthass, ~~Wut, Minderwertig-keitskomplexe~~ ... und viele mehr

 Für die nächsten Phasen werde ich als Beispiel Christa nehmen, eine Frau, die die an Diabetes erkrankt und in meinem Coaching war und von mir betreut und begleitet wurde (siehe auch Kapitel „Christa: Nach 3 Monaten war der Diabetes weg"). Du kannst die Beispiele immer an folgendem Schriftzug erkennen: *Christa*

 **In diesem Fall von Christas Diabetes könnten die Anfangs-Dantseloger beispielsweise folgende sein:**

> Sie selbst (Christa), Diabetes, das ungesunde Essen, Zucker, Cola, Käse, Pizza, Weizen, einfache Kohlenhydrate, Fett, Fleisch, Übergewicht, Insulin, hohe Blutzuckerwerte, Darm, Kuchen, Bewegungsarmut, negatives Denken, mangelnde Selbstliebe, Zigaretten, Kaffee, Alkohol, Stress, viel Durst, Arzt usw.

In den weiteren Dantselogie-Phasen kommen neue Dantseloger dazu und zwar besonders solche, die dazu beitragen werden, das Ziel zu erreichen. Andere, die nicht mehr wichtig und nötig sind, verschwinden. Bei Christa könnten zum Beispiel die weiteren, **hinzukommenden Dantseloger** folgende sein:

> Ingwer, Kurkuma, Chili, Sport und Bewegung, Wasser, Fettzellen, Blutzuckerwerte, Fisch, Avocados, eine positive psychische Einstellung, gesunder Lebensstil usw.

Dies lernst du aber erst nach der Lösungssuche-Phase kennen!

Am Anfang werden es zunächst **viele negative Dantseloger** sein, die benötigt werden, um die Diskussion zu führen; hier waren das zum Beispiel: Weizen, Cola, Kuchen, Bewegungsarmut, negatives Denken, mangelnde Selbstliebe, Zigaretten, Kaffee, Alkohol, Stress. In den **darauffolgenden Phasen** werden diese dann **nicht mehr benötigt**. In der Realisierungsphase brauchen wir dann nur noch die positiven Dantseloger, die das Ergebnis (Blutzuckerwerte auf unter 100 und 5,6 zu senken) herbeiführen sollen.

Die Kontrolle über das Gespräch behalten

Du musst als einzig bewusstes Wesen in der Runde die Kontrolle über das Selbstgespräch behalten, damit du immer zwischen dem **Realen** und dem **Fiktiven unterscheiden** kannst. Wenn du deinen Kreaturen eine Energie gibst, setze den Anfang und das Ende (den „Exit"). Wenn das Ziel erreicht ist, muss die Kreatur wieder verschwinden können.

Wenn du zum **Beispiel Kopfschmerzen** hast und sie durch Dantselog beseitigen willst, dann kreierst du einen **Dantseloger „KOPFSCHMERZ"** mit dem du reden kannst. Du sagst ihm:

> **„Jetzt bist du da und redest mit mir, aber du verschwindest sofort, wenn ich schmerzfrei bin. Das fängt an in dem Moment, da ich beginne, euch Schmerzen rauszuschmeißen."**

So hast du alles schon vorbestimmt und dabei hast du die **ganze Zeit die Kontrolle** über den Dantseloger KOPF-SCHMERZ. Am Ende des Heilungsgespräches mit ihm schließt du ab mit:

> **„Jetzt verschwinde, jetzt bin ich schmerzfrei."**

Es ist wichtig das zu sagen, egal ob du noch Schmerzen spürst oder nicht. Du sagst es und du denkst nicht mehr an K und an die Kopfschmerzen – denn **auch wenn die Schmerzen weiter bestehen**, sind diese jetzt schon Vergangenheit, der Heilungsprozess hat angefangen. Dann beschäftige dich ganz normal mit anderen Dingen, als ob die Schmerzen auch wirklich weg wären. Du wirst sehen, in den meisten Fällen werden sie tatsächlich verschwinden. Bei **hartnäckigen Schmerzen** solltest du die **Heilungsgespräche mehrmals** führen und dabei die Gespräche immer weiter **optimieren**. Mit etwas Übung wirst du erstaunt sein, wie du in Zukunft besonders solche kleinen Beschwerden sehr schnell beseitigen wirst.

 Du musst auf jeden Fall die Kontrolle über das Gespräch behalten um immer den Unterschied zwischen Realem und Fiktivem machen zu können.

Die Auswahl des Dantselog-Experten

In der Dantselogie ist es wichtig einen Experten oder eine Expertin zu benennen. Diese externe Person, die ich Dantselog-Experten nenne, nimmt an den verschiedenen Phasen des Prozesses als **externer Beobachter und Berater** Teil.

Die Auswahl deines Experten hat mit dem Thema zu tun. Geht es um die Gesundheit, nimmst du einen virtuellen Arzt als Experten. Geht es um Persönlichkeitsentwicklung nimmst du einen Coach usw.

Bei ganz schwierigen Problemen, die bereichsübergreifend sind, kann man mehrere Experten ans Land ziehen.

Dieser Experte kann immer zu Rate gezogen werden. Aber in einem ganz bestimmten Punkt, wenn es um die **Lösungsverschreibung** zum Lösen des Problems geht, ist er derjenige, der dieses **virtuelle Medikament herstellt**. Er ist derjenige, der die „Powerlösung" zum Erreichen des Zieles formuliert.

1.2 Gesprächsart, Gesprächsform und Techniken auswählen

Wie führe ich nun meine Gespräche mit den Dantselogern?
Diese Frage ist sehr wichtig, denn das Gespräch muss **gut vorbereitet und gestaltet** werden. Dies betrifft vor allem die
Auswahl der **Gesprächsart** und der **Gesprächsform**. Was
das genau bedeutet, erkläre ich dir in den folgenden Kapiteln.

1.2.1 Auswahl der Gesprächsart

Es gibt unterschiedliche Arten ein Gespräch zu führen, diese
können sein:

✓ **Ein lautes (hörbares) Gespräch**

✓ **Ein leises (hörbares) Gespräch**

✓ **Ein Gespräch im Stillen**

✓ **Ein Gespräch in Gedanken**

✓ **Ein Gespräch beim Schreiben (gegebenenfalls danach – laut oder leise – lesen)**

Jeder **entscheidet je nach Situation**, je nach Problem, je
nachdem wo und mit wem man ist, ob laut, leise, still oder
schriftlich die bessere Art ist. Selbstverständlich können diese
verschiedenen Formen **kombiniert** werden. In einer Session
kann man zuerst laut reden, zwischendurch leise und auch still.

All diese Dinge tun oder überprüfen wir oft in Selbstgesprächen: Gesetze, die wir befolgen, die Erziehungslehre unserer Eltern, die wir später automatisch umsetzen, Hausaufgaben der Schule, Autofahren, Sex , Interaktion in zwischenmenschlichen Beziehungen, Einkaufen, Fußball spielen bzw. generell Sport treiben, Hunger haben und etwas zu essen machen, ins Bett gehen oder morgens aufstehen, duschen, spazieren, kochen, Entscheidungen, die wir treffen oder treffen wollen, Überlegungen usw.

Wenn du zum Beispiel etwas suchst, das du verloren hast, redest du mit dir:

„Wo ist denn das? Wo habe ich es hingelegt? Es war doch gestern hier auf dem Tisch?

Wenn dein Herz schlägt, dann redet es. Wenn du atmest, redet deine Lunge. Wir reden ständig und dauerhaft mit uns selbst, sogar im Schlaf. Man redet nur dann nicht mehr mit sich, wenn man tot ist und alle Organe tot sind und Seele und Geist den Körper verlassen haben.

Es gibt verschiedene Arten und Formen, wie man mit sich selbst reden kann. Du suchst dir die richtige Methode aus, passenden zu diesem Moment und deiner Lust und Laune und natürlich auch deinen Möglichkeiten. Genauso gibt es **viele Techniken**, um das **Gespräch** mit deinem Dantseloger zu führen. Im Nachfolgenden werde ich **einige Beispiele** dazu geben. Du kannst selbst noch andere finden, die besser zu dir passen und sich gut anfühlen. Selbstverständlich können diese verschiedenen Formen kombiniert werden.

Die beste Gesprächsart für Anfänger: Laut sprechen, die eigene Stimme hören!

In der Anfängerversion von Dantselog, die zuerst ausreichend ist, um Dantselogie zu erlernen und sein Ziel ohne große Mühe zu erreichen empfehle ich dir das laute Sprechen, denn die Stimme trägt eine **Kraft, die bewusst oder unbewusst auf dich wirkt** und dich beeinflusst. Die meisten Beschwörungen, Inkarnationen, Zaubersprüche und Gebete werden laut gesprochen.

Lautes Sprechen kann Menschen helfen, Probleme zu lösen

Wenn du zum Beispiel etwas verloren hast und es mit lautem Sprechen suchst, hilft dir das, die visuelle Darstellung des Objekts besser im Auge zu behalten. Der Name des Objekts hilft dir, das Objekt zu visualisieren und die Frage laut zu stellen hilft dir, dich besser zu fokussieren und einfacher abzuschalten. Das schärft die Konzentration.

Lautes Reden bringt viel Positives mit sich

Die Verwendung von **Vibration** und **Ton** der Stimme. So laut zu sein, dass man sich gut hören kann, kreiert elektrische Energie. Die Vibration der Stimme erzeugt Energie und magnetische Kräfte um dich und in deinem Körper, erhöht die Schwingungsrate und **intensiviert die Wirkung** des Gesprochenen, des Wortes, auf das zu erreichende Ziel. Die Auswirkung der Stimme, des Tons und der Tonalität auf das Lösen eines Problems sind in Dantselog sehr positiv.

Laut sprechen hilft dir,

✓ **deine Gedanken besser zu formulieren.**

✓ **dich selbst zu fühlen.** Du spürst, dass du präsent bist, dass nichts fiktiv ist, weil du **da** bist: eine Art Entwicklung des Präsenzzustandes. Weil du deine Stimme empfängst, spürst du mehr von deiner Existenz. Weil du das Gefühl hast, präsent zu sein, weil du dich sprechen hörst, machst du dich besser verständlich. Dein Gedächtnis und deine Erinnerungen verbessern sich.

✓ **deine Atmung besser zu kontrollieren.** Weil du besser mit der Emission deiner Stimme umgehst, wird dein Atem regelmäßiger. Du kannst den Ton der Situation hören und du hörst dich besser, deswegen artikulierst du dich auch besser und empfängst dein Umfeld dadurch sehr aufmerksam. Gute Atmung bewirkt eine bessere Aufnahme des Sauerstoffes im Gehirn, im Darm und im Blut. Die Folgen: Du denkst besser, dein Gedächtnisvermögen wird größer, du siehst besser, du hörst besser, du fühlst besser, du bist entspannter und selbstsicherer.

✓ **deine und die Emotionen, die in anderen entstehen können, zu erkennen, sie wahrzunehmen, zu kontrollieren**, zu akzeptieren und gegebenenfalls anzupassen. Indem du deine Stimme besser empfängst, weil du sie hörst, bist du empfänglicher und sensibler für die Gefühle um dich und für die Gefühle, die deine Stimme enthüllen und so wird verhindert, dass negative und unkontrollierte Gefühle in deinem Körper den positiven Ausgang deines Dantselogs verhindern.

✓ **den Anderen besser zu hören.** Du hörst nicht nur dich besser, sondern du hörst auch dein Umfeld besser. Je bewusster du deine Stimme mitbekommst, desto besser wird es mit der Stimme der anderen und so kannst ihre Botschaften besser verstehen.

✓ **dich besser zu konzentrieren** und dich an Dinge und an Gesprochenes zu erinnern.

✓ **dein Selbstvertrauen, deine Selbstbehauptung und dein Durchsetzungsvermögen aufzubauen.**

 Mit dieser Gesprächsart erlernst du die Grundbasis der Dantselogie am besten und am einfachsten. Deswegen ist es wichtig, sich beim Lernen des Dantselogs immer an einen ruhigen Platz zurückzuziehen, wo du allein und ungestört bist.

1.2.2 Auswahl der Gesprächsform

1.2.2.1 Das offene Gespräch mit freier Diskussion

Das offene Gespräch mit freier Diskussion ist die beste Dantselog-Form für den Anfänger und die effektivste Form am Beginn einer Themenbearbeitung.

Es ist ein **reguliertes, visualisiertes, offenes** Gespräch mit freier Diskussion, am bestens vor einem Spiegel. Bei dieser Form des Gesprächs lässt du **allen kreierten virtuellen Gesprächspartner freien Raum**, ihre Meinungen, Wünsche, Bedürfnisse, eigenen Erfahrungen, Freuden, Leiden, Schmerzen, Erlebnisse, Erkenntnisse, Fantasien **spontan zu äußern**. Das hilft dir, viele Dinge mit anderen Augen und aus verschiedenen **Perspektiven** zu sehen und zu **reflektieren**. Diese Diskussionen können sehr lebendig werden und im gegenseitigen Austausch zu neuen Erkenntnissen und ungewöhnlichen Wegen führen, die am Anfang nicht sichtbar für dich waren. Dabei bist und bleibst **du der Diskussionsleiter**, aber nicht unbedingt der Moderator.

Damit es gerecht ist und bleibt, damit kein Chaos entsteht, jeder zu seinem Recht komm und damit die Diskussion lösungs- und ergebnisorientiert bleibt (und darum geht es hier), müssen klare **Gesprächsregeln** erstellt werden. Diese Regeln dienen auch zur Orientierung. Die Grundregeln (die je nach Thema und nach zu lösendem Problem ergänzt und erweitern werden können) sind in Kapitel 2.4 „Diskussionsregeln festlegen" zu finden.

Es ist sehr wichtig, dass die ganzen **Gesprächsabläufe visualisiert** passieren. Das bedeutet, dass alle Szenen, alle fiktiven Personen, das Thema selbst sowie das zu erreichende Ziel stets in **deiner geistigen Vorstellungswelt wahrgenommen** werden, als ob sie echt wären. Visualisieren bedeutet **nicht nur sehen, sondern auch hören, spüren, riechen**. Wenn ein Dantseloger spricht, dann siehst du ihn wirklich, hörst ihn wirklich, spürst und fühlst ihn wirklich. Auch seinen Geruch nimmst du wahr, wenn es dir möglich ist. So schaffst du eine **starke Vernetzung** zwischen dir und den Dantselogern und zwischen den Dantselogern selbst. Das führt zu intensiven, energievoll lösungsorientierten Gesprächen und **maximiert die Erfolgschancen**.

Die Technik des Innenkinos oder
wie man visualisieren lernt

Visualisierung benutzen wir jeden Tag viele Male, ohne uns dessen bewusst zu sein. Viele Menschen würden sagen, dass sie denken, überlegen, sich Gedanken machen usw. Aber gleichzeitig **visualisieren wir diese Prozesse** in unserem Kopf.

 Wenn du Hunger auf einen Hamburger hast, siehst du in deinem Kopf den Hamburger und du schmeckst ihn sogar schon, bevor du ihn überhaupt gegessen hast.

 Wenn ich dich fragen würde, welche Farbe dein Kleid gestern hatte und wir einfach mal annehmen, dass das Kleid rot war, dann wirst du zuerst das Kleid visualisieren, die rote Farbe sehen und dann erst die Antwort „Rot" geben. Es passiert so schnell und in einem Zug, dass du gar nicht merkst, dass du zuerst ein Bild des Kleides im Kopf hattest, bevor du eine Antwort auf die Frage gabst.

Ohne dass du es merkst, regt dein Gehirn deine mentale Vorstellung an!

Mit diesen zwei Techniken lernst du ganz einfach zu visualisieren:

Übung 1: Form und Aussehen

> **Nimm ein Objekt in deine Hände, zum Beispiel eine bemalte Tasse.**
>
> **Beobachte sie intensiv zwei Minuten lang aus verschiedenen Blickwinkeln. Versuche dir die Form, die Farbe, die Zeichnungen und einfach alle Details einzuprägen.**
>
> **Schließe deine Augen 15 Sekunden lang, ohne an etwas zu denken oder wenn, dann nur an das Aussehen der Tasse. Öffne deine Augen und beobachte noch einmal die Tasse, aber diesmal nur ca. 30 Sekunden.**
>
> **Schließe deine Augen wieder und erinnere dich an diese Tasse dank der Bilder, die dir in den Sinn kommen.**

Diese Bilder werden **mehr oder weniger detailliert** sein. Wenn du die Tasse gut kennst, dann funktioniert es natürlich besser. Aber wenn nicht, ist es am Anfang nicht schlimm. Vielleicht sind die Bilder sehr unklar und du kannst die Details nur erahnen. Das ist kein Problem, denn es gehört zum Lernen dazu. Versuche **nicht**, deinen Kopf zu **überanstrengen** und partout und sofort die kleinsten Details vor deinem inneren Auge zu sehen. **Wiederhole diese Übung** ein paar Mal am Tag mit unterschiedlichen Objekten oder auch einer Landschaft, einem Menschen oder einem Tier.

Beispiel 2: Geruch und Geschmack

> Nimm eine Frucht, z. B. eine Mango. Beobachte sie zwei Minuten genau: Form, Farbe, Größe, Struktur. Schließe die Augen ca. 30-60 Sekunden und versuche diese Mango vor deinem inneren Auge zu sehen.
>
> Dann nimm dir zwei Minuten Zeit und iss diese Mango. Genieße sie. Iss sie ganz langsam. Versuche dir die Konsistenz, den Geschmack und die Farbe der Fruchtstücke zu merken. Spüre und schmecke sie.
>
> Schließe nun wieder die Augen. Versuche geistig in die Frucht zu beißen. Versuche diesen Test geistig zu visualisieren. Versuche dich an den süßen Geschmack, an die gelbe Farbe des Fruchtfleisches und an alle sonstigen Details zu erinnern, jedoch ohne dich dazu zu zwingen. Bleibe ganz entspannt.

Wiederhole den Test so oft bis du in deinen Kopf die Details (Farbe, Form, Geschmack usw…) gut sehen und spüren kannst.

 Du kannst alles Mögliche visualisieren. Visualisiere abends im Bett, wie der Tag war. Visualisiere, wie der Kuss mit deinem Partner war. Visualisiere, was du gegessen hast usw. Bald wirst du so deine geistige Vorstellungskraft sehr schärfen!

1.2.2.2 Schreiben und dabei laut mitsprechen als Hilfsmittel zur Problemlösung

Schreiben und dabei laut die Worte mitsprechen, ist eine sehr **effektive Art der Kommunikation** mit und in sich selbst mit verblüffender Wirkung. Schreiben ermöglicht die **emotionale Öffnung** einem Problem gegenüber. Probleme, Krankheiten, traumatische Erlebnisse in strukturierten Worten mit Dantselogtechniken zu fassen und zu erfassen **stärkt das Immunsystem und die Seele** und wirkt heilend auf den Körper.

 Indem wir Wörter auf Papier schreiben und sie dabei laut lesen, werden Informationen vom Abstrakten ins Konkrete gebracht.

Anstatt die Dinge also nur in ein deinem Kopf zu durchdenken und zu behalten, nutzt du das Schreiben, um große und komplizierte Probleme zu lösen. Der Vorteil ist: Du kannst das Problem **besser verstehen** und Abläufe besser strukturieren.

Das Schreiben ist **eine Art Meditation**. Beim Schreiben ziehst du dich mit dir allein zurück und hast dadurch Zeit für dich, dich zu spüren und kannst so in Kontakt mit deinem tiefen Inneren kommen. Das Schreiben hilft dir, bestimmte **Bereiche des Gehirns zu aktivieren**, die das Sprechen allein (für normale Menschen) nicht aktivieren kann.

Die Schreib-Dantselogie, das Schreiben nach der Dantselogie, hat viele Funktionen:

✓ **Es ermöglicht dir, dich von deinen Emotionen zu befreien, indem es Emotionen auslöst.**

✓ **Es ist befreiend und entlastend. Es ist eine Möglichkeit, sich von einer Last zu befreien.**

✓ **Es hilft dir, Dinge tatsächlich so zu sehen, wie sie sind.**

✓ **Es hilft dir, deine Konzentration und Fokussierung zu verbessern.**

✓ **Es ermöglicht dir, deine Kreativität zu verbessern. Es zwingt dich, neue Ideen zu finden.**

✓ **Es hilft, dein Gehirn von allem zu säubern. Beim Schreiben verstößt du die negativen Gedanken, die dich belasten, aus deinem Gehirn.**

✓ Es erleichtert die Überwindung von Schocks und Traumata, die du in der Vergangenheit erlebt hast.

✓ Es erlaubt dir, dich frei auszudrücken.

✓ Es ist oft einfacher, Gedanken in Worte zu schreiben und sie danach auszusprechen, als diese sofort auszusprechen. Es hilft so, tiefe und intime Gefühle ausdrücken, ohne sich dafür zu schämen. Dein Notizbuch wird dein bester Vertrauter.

✓ Es eröffnet den Weg zu Veränderung und zu Entwicklung.

✓ Es hilft dir, dich von deiner Angst zu befreien. Wenn du deine Ängste beschreibst, wirst du schnell erkennen, dass sie übertrieben sind und es diese Gefahr, die du dir vorstelltest, oft gar nicht gibt. Du wirst oft sehen, dass du aus einer Mücke einen Elefanten gemacht hast.

✓ Es ermöglicht dir auch, leichter einzuschlafen. Wenn du dir zum Beispiel abends vor dem Einschlafen Zeit nimmst, über das Positive des Tages zu schreiben und es dabei klar vor dir siehst, vermeidest du, dass deine Gedanken in ungewollte Richtungen gehen und so das Schlafen stören. Du bist dann stärker auf das Gute fokussiert. Du spürst, wie du runterkommst, wie Wut, Ärger und Angst verschwinden. Du spürst, wie du dich beruhigst. Und dann gut einschläfst.

Es gibt Probleme, über die man mehrmals schlafen und **viel nachdenken** muss, bevor man zu einem Ergebnis kommt. Beim Schreiben hast du den Vorteil, vieles nicht zu vergessen und dich später **schnell an das Vergangene zu erinnern**.

Manche Probleme sind einfach **zu groß und zu kompliziert**, als dass man sie allein, ohne entsprechende Übung und Ausbildung nur durch seine Gedankenvorstellung und seine Intelligenz, verstehen und lösen kann. In solchen Fällen sind **materialistische Darstellungen** notwendig und hilfreich. In dem Buch „Techniken für Fortgeschrittene" kannst du mehr über die Vorteile von **Zeichnungen** lesen. Für sie gilt das Gleiche wie fürs Schreiben, denn Worte sind übersetzte Zeichnungen.

Dantselog nutzt die Ausdrucksform des Schreibens, um sehr **traumatische und komplizierte Probleme** lösen zu können. Durch das Schreiben stellst du dich den schweren Gefühlen und fasst in Worte, was dir Sorgen und Probleme bereitet. Wir nutzen diese Methode auch unbewusst mit unserem geliebten **Tagebuch**.

Viele Menschen finden Lösungen, wenn sie ein bestimmtes Buch gelesen haben. Genauso kannst du hier das Schreiben gezielt für dich nutzen, um Dantselog zu führen und **Lösungen zu finden**. Beim Dantselog benutzt du das Schreiben nicht nur, um dir deine schmerzhaften Erlebnisse von der Seele zu schreiben, sondern viel mehr um dich gezielt zu heilen und Probleme zu lösen. Deswegen gehst du dabei nach dem **definierten Ablauf des Dantselogs** vor und schreibst deine Gedanken nicht nur einfach so einfach nieder.

Schreiben kannst du in Form von **Briefen**, die du mit den Dantselogern austauschst. Du kannst aber auch **Romane, Drehbücher, Tagebücher oder Gedichte** schreiben. Im jeweiligen Text sind die Akteure die Dantseloger.

Jeder Satz, den du geschrieben und wiederholt laut gelesen hast, macht dir das Gesamte nur noch bewusster, denn jedes **gesprochene Wort ist aufgeladen und trägt Energie**. Die Worte können nun vibrieren. Sie können empfangen und aussenden, wie du schon im vorherigen Kapitel über die Auswahl der Gesprächsart gelernt hast.

Schreiben kann dir helfen, die **Heilung** herbeizuführen. Du hast sicher bemerkt, dass Testimonial-Bücher oder Therapiebücher die prominentesten Plätze in den Regalen der Buchhandlungen und Bestseller-Listen belegen. Die Menschen, die das Schreiben nutzen, um ihr eigenes Problem zu erklären, tun das, um sich von ihrem Leid du befreien. Wissenschaftliche Tests haben gezeigt, dass das Schreiben das **Immunsystem stärkt** und das körperliche **Wohlbefinden** steigert. Es verbessert deine **Gesundheit**. Studien zeigten, dass das Schreiben den Blutdruck senkt, die Leberfunktion verbessert, Heilungsprozesse unterstützt und sogar Wunden schneller heilen lässt. Schreiben ermöglicht es dir, **weniger Medikamente** einzunehmen.

Tipps und Hinweise für die beiden Dantselog Gesprächsformen für Anfänger „offenes Gespräch" und „Schreiben":

Generelle Tipps für beide Methoden:

✓ **Zieh dich zurück**, in einen ruhigen Ort. Dinge wie Handy, Laptop, TV, WLAN und alles, was vibrieren könnte muss völlig ausgeschaltet sein.

✓ **Du kannst über das Thema mehrmals bzw. wiederholt schreiben** und reden, bis du das Gefühl hast, dass es richtig ist.

✓ **Führe eine Regelmäßigkeit beim Schreiben /Reden ein.** Das bedeutet zum Beispiel: jeden Tag, einmal oder mehrmals, um immer die gleiche Zeit, für die gleiche Dauer...usw. So wird es zu einer Art Ritual und bündelt somit die aktive Energie, die zur Wirkung führt.

✓ **Schreibe und rede sehr detailliert.** Das ist die beste Art, um sich und seine aktive Energie zu befreien.

✓ **Forme einfache Sätze und schreibe/sprich die Worte, die zu dir kommen, ohne zu viel darüber nachzudenken.** Lass, wenn möglich, alles fließen, aber wenn du nicht weiterkommst, höre nicht auf und fange an zu überlegen, sondern mache das nicht-Weiterkommen zu einem Thema. Zum Beispiel wird „Ich komme nicht weiter" zu einem Dantseloger, den du nun in das Gespräch integrierst. Du fragst ihn: „Warum bist du da? Ich komme nicht weiter, ich möchte, dass du wieder weg bist…" Du wirst sehen, dass ein kurzes Gespräch mit ihm dazu führt, dass der Dantseloger „Ich komme nicht weiter" dir antwortet und du so auf neue Ideen kommst und weitermachen kannst.

✓ **Schreibe/rede, was du willst, wie du es willst.** Die Grammatik, die Schreibweise, die Interpunktion oder der Stil spielen keine Rolle.

✓ **Sei 100% ehrlich, lüg dich nicht an.** Erinnerst du dich an irgendetwas nicht mehr genau, wird das nun zu einem Dantseloger und Gesprächsteilnehmer wie im vorherigen Beispiel „Ich komme nicht weiter".

✓ **Audiogeräte zum Aufnehmen und zur Wiedergabe** kannst du als Anfänger gern nutzen. So kannst du später, kurz vor der nächsten Session, wieder hören, was vorher gesprochen wurde. Oder höre es vor dem Einschlafen und nimm den ganzen Dantselog tief in dich und mit in die Schlafwelt, in die Welt, in der alles möglich ist. So kannst du im Schlaf an deinem Ziel weiterarbeiten.

Spezielle Tipps fürs Schreiben:

✓ **ALS ANFÄNGER UNBEDINGT MIT DER HAND SCHREIBEN:** Kein PC, Laptop, Handy, Schreibmaschine. Du brauchst nur ein Blatt Papier – besser ein Heft – und einen Kugelschreiber. Mit der Hand Schreiben befreit deinen Geist

✓ **Lass niemanden lesen, was du schreibst oder geschrieben hast.** Es gehört dir allein. Liest jemand anderes deinen Text, so entsteht eine Vibration von der Person zu den Wörtern und so kann er die Wirkung der Worte beeinflussen. Das gilt auch beim Reden. Niemand soll dich sprechen hören!

✓ **Vermeide Blogs und Posts in sozialen Netzwerken, wenn du dein Ziel noch nicht erreicht hast.** Da du weißt, dass sie gelesen werden, bist du vielleicht nicht mehr ganz aufrichtig und ehrlich.

Darüber hinaus läufst du Gefahr, von den Lesern beurteilt zu werden, wodurch du tief manipuliert wirst und deine Heilung und Lösungsfindung gefährdet werden können.

✓ **Wegwerfen:** Am Ende deiner Schreibübungen, wenn das Ziel erreicht ist bzw. du den Dantselog abgeschlossen hast, kannst du alles, was du geschrieben hast, wegwerfen, um dich vollständig zu befreien.

1.2.2.3 Liste der weiteren Gesprächsformen für Fortgeschrittene

Neben den beiden eben vorgestellten Methoden, die besonders für Anfänger geeignet sind, gibt es eine Vielzahl weiterer effektiver Techniken. Diese lernst du im Folgeband „Dantselog für Fortgeschrittene" detailliert kennen:

✓ **Zeichnen und malen: Rock'n Roll – Worte und Gedanken in Bildern wiedergeben**

✓ **Lieder, singen, rappen,**

✓ **Choreographisches Tanzen**

✓ **Theater-Technik**

✓ **Tam-Tam**

✓ **Dolmetscher-Technik**

✓ **Gestaltung**

✓ **Bundestag-Technik und Abstimmungen, die alle mittragen**

✓ **Baobab Technik: Moderierte, kontrollierte Gespräche**

✓ **Placebo-Technik**

✓ **Gericht-Technik**

✓ **Mediations-Technik**

✓ **Berater-Technik**

✓ **Anklopfen, reden und befehlen**

✓ **Die Methode mit dem Telefonat**

✓ **Massage und Handauflegen**

✓ **Träumen**

✓ **Sex**

✓ **Beobachter**

✓ **Fernöstliche Tricks: Tai-Chi, Yoga**

2.
Erfolgsorientierte virtuelle
Diskussions- & Analyse- phase

Ich nenne diese Phase auch die die „4-W-Phase": die Was-Woher-Wieso-Warum-Phase der Ursachenforschung.

In dieser Phase wird das Thema des Dantselogs ausdiskutiert. Hier geht es um umfangreiche Fragen, wie:

Kurz gesagt: Bei einer Diskussion geht es darum, dass die Dantseloger sich unter- und miteinander über ein bestimmtes Thema austauschen und versuchen, sich gegenseitig von ihrer Meinung zu überzeugen.

Viele der Fragen wurden schon in „Schritt 2 – Ist-Zustand: Das Problem klar, sachlich, logisch und deutlich definieren und

affirmativ darstellen" **in der Vorbereitungsphase beant-
wortet**. Aber hier geht es darum, diese Fragen tiefgreifender zu studieren, deswegen ist eine **Wiederholung sehr gut**.

In dieser Phase müssen Worte, Sprechweisen, Erscheinungen, Körpersprache, Emotionen, rationale Einsichten, Räumlichkeiten usw. **so real wie möglich** imaginiert werden. Die Probleme und das Thema werden dann **schonungslos** mit den verschiedenen Dantselogern **ausdiskutiert**. Hier kann jeder reden und sagen was er will. Diese Phase muss richtig authentisch werden. Jeder stellt die Sache so dar, wie er sie sieht. **Keine Meinung wird abgelehnt oder abgewürgt**. Auch Vorwürfe und Beleidigungen bleiben stehen. Nichts ist falsch oder richtig.

2.1 Entspannungsmeditation und die richtige Atemtechnik, die heilt

Auch hier, wie in allen anderen Phasen, fängst du immer mit der empfohlenen **Entspannungsmeditation** aus Kapitel A „Entspannungsmeditation und die richtige Atemtechnik, die heilt" an. Bei **Fortgeschrittenen** wird die Meditation immer an das Thema und die Dantseloger der jeweiligen Phase angepasst oder nur an das Thema und die Dantseloger werden dann dazu passend ergänzt.

2.2 Die Formel der inneren geistigen Einstellung

Sprich die Formel der inneren geistigen Einstellung glaubhaft und überzeugend voller Freude und mit einem Lächeln, um dich am Ende der Meditation (noch im meditativen Zustand) auf das Kommende einzustimmen:

„Alles und alle um mich herum und in mir tragen dazu bei, dass ich mein Ziel erfolgreich erreiche und glücklich bin. So war es immer gewesen, so ist es immer geplant worden, auch diesmal wird es so sein, so wird es geschehen, so ist es geschehen, so sei es. Danke!"

2.3 Diskussionsleiter bestimmen

Bei größeren Diskussions- oder Gesprächsrunden mit mehr als 5 Dantselogern empfiehlt es sich, einen Diskussionsleiter einzusetzen, der unter allen Dantselogern ausgewählt wird. Am besten **bestimmst du dich selbst** als Leiter. Du bist dann nicht nur teilnehmender Dantseloger, du bist auch Diskussionsleiter. Du stellst dich und deine Aufgabe allen Dantselogern vor.

Die **Aufgaben des Diskussionsleiters** sind zum Beispiel (diese Liste kann selbstverständlich beliebig ergänzt und angepasst werden):

✓ Diskussionsteilnehmer anreden und begrüßen.

✓ Präsentation des Diskussionsgrundes: Was ist das Ziel des Gesprächs? Welche Entscheidung(en) sind zu treffen? Was genau soll geklärt werden? Wenn nötig, verwende Visualisierungen (auf einer Tafel oder Papier), die die Themen schriftlich und stichpunktartig zeigen.

✓ Die Dantseloger vorstellen.

✓ Diskussionsregeln (siehe folgendes Kapitel) bekannt geben, u.a.:

- verfügbare Zeit;
- maximale Redezeit für Diskussionsbeiträge;
- sollen sich Diskussionsteilnehmer selber vorstellen, und wenn ja, wie?

✓ **Diskussion in Gang bringen und am Laufen halten:**

- **Thema nennen oder wiederholen;**
- **Probleme identifizieren;**
- **interessante Aspekte hervorheben;**
- **Gespräche immer auf das eigentliche Thema zurückbringen, wenn man sich zu sehr abschweift;**
- **bei ausbleibenden Wortmeldungen selber einen Beitrag leisten;**
- **Wort erteilen, wenn es nötig ist;**
- **Zwiegespräche nicht unterbinden, aber kontrollieren, dass sie in Rahmen bleiben;**
- **die Zeit kontrollieren, aber nur bei hartnäckiger Zeitüberziehung intervenieren und begradigen. Es soll wenig Kontrolle ausgeübt werden. Es muss nur aufgepasst werden, dass die Dantseloger auch die Regeln respektieren.**

Du solltest ganz generell nicht zu viel dirigieren, nicht zu viel intervenieren. Dantseloger müssen ungeniert und ungehindert frei reden können, denn hier muss alles raus.

✓ **Wortmeldungen notieren und dazu eine Liste führen (im Kopf oder auf dem Zettel).**

✓ Die Diskussion beenden. Aber: Keine Schlussbemerkungen, keine allgemeine Zusammenfassung und keine Bewertungen der Diskussion
   und Argumente der anderen in dieser Phase. Die
   Dantseloger haben selbst alles gehört.

✓ Diskussionsphase schließen mit Hinweisen auf
   den nächsten Schritt.

2.4 Diskussionsregeln festlegen

Um ein Gespräch erfolgreich zu führen, musst du klare, aber flexible Grundregeln festlegen und alle Dantseloger sollten sich daran halten. Die Regeln musst du **angepasst an das vorliegende Problem und verfolgte Ziel** festlegen. Du darfst sie nicht so bestimmen, dass sie zu dir passen, sondern dass sie helfen, das gewünschte Ergebnis zu erzielen. Deshalb kann es auch manchmal **Regeln geben, die dir gar nicht gefallen**. Zum Beispiel kannst du bei einem Streit mit deinem Vorgesetzten nicht die Regel aufstellen: „Man darf lachen, wenn und wann man will, oder jeder hat das Recht, dem anderen jederzeit zu widersprechen." In der Realität wäre das unmöglich bzw. so ein Verhalten könnte dazu führen, dass dein Chef dich sogar entlässt.

Man baut die Regeln je nach Problem weiter aus, die Grundregeln werden dabei aber nicht verändert. Einige **allgemein formulierte Regeln** sind zum Beispiel:

✓ **Diskret sein: Wenn du durch Dantselog ein Thema bearbeiten möchtest, um Lösungen dafür zu finden, ist es sehr wichtig, darüber nicht mit anderen Menschen zu sprechen. Das ist die erste Regel!**

✓ **Respektiere die andere Meinung: Du und alle Dantseloger müssen die unterschiedlichen Meinungen respektieren. Die anderen werden nicht beleidigt und auf die Redebeiträge der anderen wird eingegangen.**

✓ **Ich-Du-Wir-Ihr-Botschaften:** Die Dantseloger dürfen alle Arten von Botschaften verwenden, um sich auszudrücken.

✓ **Keine Manipulationsversuche:** Ehrlichkeit und Authentizität im Austausch sind wichtig. Die Dinge müssen so dargestellt werden dürfen, wie sie sind, wenn du am Ende die Ursache deines Problems erfahren möchtest.

✓ **Keine Denk- und Sprechverbote:** Jeder Dantseloger hat das Recht zu sagen, was er will, auch wenn das anderen nicht gefällt.

✓ **Ehrlichkeits- und Wahrheitsvermutung:** Die Dantseloger begegnen sich ohne Vorurteile und ohne Lügenvorwürfe. Sie müssen stets wissen, dass jeder Dantseloger sich wirklich so verhält, wie es in der Realität wäre. Nur so erkennt man wirklich was abläuft.

✓ **Akzeptanz, zulassen und Ehrlichkeit:** Situation akzeptieren und nichts beschönigen oder auch verschlechtern. Du darfst nichts verbergen oder verdrängen.

✓ **Aktives Zuhören und Gesprächsdisziplin:** Die Dantseloger hören sich gegenseitig aufmerksam zu, sie lassen jeden ausführlich ausreden und gegebenenfalls fragen sie nach. Niemand wird unterbrochen, auch wenn er abschweift. Die Dantseloger lassen den anderen auch zu Wort kommen und würgen niemanden ab. Dantseloger hören das, was gesagt wird, und nicht, was sie hören wollen.

✓ **Kritik** wird angenommen, aber Meinungen werden auch verteidigt.

✓ **Antworten geben:** Fragen beantworten, Erklärungen und Rechtfertigungen geben.

✓ **Die eigenen Fehler zugeben:** Es ist wichtig seine eigenen Fehler zuzugeben, wie:

„Es tut mir leid, dass ich dich verletzt habe."

„Ich gebe zu, ich ernähre mich schlecht."

„Meine Leistung in den letzten Wochen war nicht gut."

„Ich erkenne an, dass ich hätte ..."

Nur bei Fragen nach dem Warum oder Wieso darfst du auch Erklärungen abgeben und dich gegebenenfalls rechtfertigen.

✓ **Vorwürfe, Kritik, Beschuldigungen sowie Schuldzuweisungen sind zulässig:** In manchen Kulturen regelt man Probleme viel direkter und man scheut sich nicht, Vorwürfe, Schuldzuweisungen oder Kritik zu benutzen. Diese Methode, die im ersten Augenblick kontraproduktiv erscheint, ist im Endeffekt ein stark lösungsorientiertes Diskussionsinstrument. Es führt dazu, dass der andere aus der Reserve geht, um sich selbst zu verteidigen, und dabei Dinge sagt, die tief in ihm sitzen. Wenn Gespräche nur kooperativ und ärgerfrei geführt werden, kann das dazu

führen, dass man Lösungen findet, die nur oberflächlich gut sind und nicht wirklich langfristig
helfen. Denn dann haben häufig nicht alle Gesprächsteilnehmer alles ausgesagt, was sie denken, fühlen und meinen. Beschimpfungen müssen allerdings komplett vermieden werden!

✓ **Energieraubende und ablenkende Faktoren vermeiden:** Elektronische Geräte wie Handy, Laptop, Radio, TV, die nicht nur ablenken, sondern
auch durch Strahlungen deine Energie verbrau-
chen, müssen gänzlich abgeschaltet werden.

✓ **Persönliche Angriffe, Beschimpfungen sind unbedingt zu vermeiden:** Es ist wichtig, nicht die
Meinung der anderen als persönlichen Angriff zu
werten, sonst ist es nicht möglich, zu einem ko-
operativen Gespräch zu gelangen.

✓ **Kein Urteil:** Dantseloger beschreiben und definieren genau und detailliert, aber urteilen nicht
über den Standpunkt der anderen. Diskussionen, die sachlich laufen, müssen urteilsfrei sein.
Die Redebeiträge der anderen sollen nicht abge-
wertet, bewertet oder beurteilt werden, sondern
angenommen und akzeptiert, selbst wenn man
damit nicht einverstanden ist. Wenn du dennoch
ein Urteil fällen möchtest, dann tu es bitte in
Form von Fragen, damit der andere seine Argumentation besser formulieren bzw. behaupten o-
der verteidigen kann. Zum Beispiel: „Bitte,
kannst du mir besser erklären, was du meinst,

denn man könnte deine Ausführung für unüber-
legt halten."

✓ **Argumente und Beweise vorlegen:** es ist sehr
wichtig, in dieser Phase Fakten vorzulegen,
wenn sie vorhanden sind. Dantseloger versuchen, soweit es geht mit Argumenten und Fakten zu überzeugen und Einwände zu schwächen.
Sie untermauern ihre Meinungen und Erfahrungen mit Beweisen. Selbstverständlich gibt es bei
manchen Dingen, die man genau weiß, keine Beweise, das muss akzeptiert werden.

✓ **Gegenseitig aufeinander eingehen:** Dantseloger
versuchen wirklich, den anderen zu verstehen.
Sie fassen die Meinungen der anderen zusammen und fragen, ob sie diese richtig verstanden
haben oder nicht. Wenn nicht, wiederholt und erkläre der andere seine Argumentation besser
und fragt, ob er dann richtig verstanden wurde.

✓ **Nicht zwingend beim Thema bleiben:** Die Dantseloger müssen nicht beim Thema bleiben, wie
konventionelle Diskussionsregeln es lehren. Da
man in einer fiktiven und virtuellen Realität ist,
ist es wichtig sich nicht einzuschränken. Es ist
im Leben oft so, dass der Grund eines Streites,
einer Beschwerde oder eine Krankheit nicht unbedingt das ist, was einem sofort ins Auge
springt, sondern etwas ganz anderes, an das
niemand auf Anhieb gedacht hat. Das bedeutet,
wenn Dantseloger abschweifen, ist das als

wichtiger Hinweis zu beachten. Ein Dantseloger darf nie sagen: „Bleib beim Thema." Er soll nur Fragen stellen wie: „Wir sprechen über die Arbeit und du sprichst über deine Frau, kannst du mir erklären, warum?", anstatt zu sagen: „Wir sprechen über die Arbeit und nicht über deine Frau. Bleib bitte beim Thema." Manchmal ist unser Unterbewusstsein viel weiter als unser Verstand und wir bringen unbewusst etwas ins Gespräch, das im ersten Moment gar nichts mit dem Thema zu tun hat, aber am Ende der wichtigste Indikator sein kann, obwohl wir das nicht bewusst wollten. Das ist Dantselogie: Sehen, was nicht sichtbar ist; hören, was nicht hörbar ist; schmecken, was keinen Geschmack hat; riechen, was geruchlos ist; verstehen, was nicht erklärbar ist; fühlen, was nicht spürbar ist; empfangen, was nicht ausgesendet wird.

✓ **Emotionen, Leidenschaft und Subjektivität** sind absolut erlaubt.

✓ **Die Kontrolle über das Gespräch und die Dantseloger behalten:** Du musst als einzig bewusstes Wesen in der Runde die Kontrolle über das Selbstgespräch behalten, damit du immer zwischen dem Realen und dem Fiktiven unterscheiden kannst. Wenn du deinen Dantselogern ein Leben gibst, setze den Anfang und das Ende (den „Exit"). Wenn das Ziel erreicht ist, müssen die Dantseloger wieder verschwinden können.

Die Regeln für ein gutes und erfolgs- und zielorientiertes Gespräch kann man wie folgt kurz zusammenfassen. Diese sind für alle beteiligte Dantseloger einzuhalten:

- ✓ Lass andere ausreden und unterbrich niemanden.
- ✓ Hör gut zu und schau den Sprecher an.
- ✓ Schau beim Sprechen die Zuhörer an.
- ✓ Gehe mit deinen Argumenten auf andere zu.
- ✓ Rede erst, wenn du an der Reihe bist.
- ✓ Gehe auf die Redebeiträge der anderen ein.
- ✓ Sei höflich.
- ✓ Überlege dir, mit wem du sprichst und in welchem Rahmen das Gespräch stattfindet.
- ✓ Lache niemanden aus.
- ✓ Beleidige niemanden.
- ✓ Schüchtere niemanden ein.
- ✓ Nimm Kritik an.
- ✓ Verteidige deine Meinung.
- ✓ Lass Emotionen (Trauer, Ärger, Wut, Aggressivität, Ablehnung usw.) zu, aber sei nicht beleidigend.

Du kannst deine Gesprächsregeln je nach Situation erweitern und ergänzen, ganz nach Bedarf.

Selbstverständlich gibt es **verschiedene Diskussionsformen**, die **unterschiedliche Abläufe** und Regeln erfordern. Aber diese Grundregeln helfen zu verstehen, wie eine erfolgsorientierte Diskussion beim Dantselog prinzipiell angegangen wird.

Ein Tipp: Gesprächsregeln können auf einem großen Zettel oder Plakat notiert und aufgehängt werden, damit sie immer im Blick sind, wenn du einen Dantselog führst.

2.5 Wann und wo führt man die Diskussion am besten?

Für Anfänger der Dantselogie ist es wichtig, sich einen **ruhigen Zeitpunkt und stillen Ort** zu suchen, wo man nicht gestört ist oder es werden kann und wo man keinen Druck und Stress hat. Man muss sich frei genug fühlen, um auch laut sein zu können. Das ist alles. Dieser Ort kann in der Natur sein, in einem Zimmer, im Auto usw. und du kannst beim Gehen, im Sitzen, im Stehen oder auch im Liegen Dantseloge führen.

Bei **Fortgeschrittenen** kann die Diskussion im Kopf auch während turbulenten Situationen und **an allen Orten** stattfinden. Zum Beispiel kurz vor einem Elfmeter-Schießen, in einer harten Verhandlung, bei einer Versammlung oder irgendwo, wo man sich nicht an einen ruhigen Platz zurückziehen kann und dazu nur wenig Zeit hat. Fortgeschrittene **können auch bei höherem Druck und in einer Stressphase** auf Dantselog zurückgreifen, um als Sieger aus der Situation zu gehen. In der Version für Fortgeschrittene werde ich dir zeigen, wie genau das funktioniert. Aber zuerst musst du als Anfänger die Basis der Dantselogie verstehen, um zu wissen, wie es funktioniert, dann kannst du die fortgeschrittenen Techniken erlernen.

2.6 Flexibles Zeitlimit: Wie lange dauert eine Diskussionsphase?

Man kann nicht ewig nach Lösungen suchen. Es muss ein **klares, aber flexibles Zeitlimit** geben. Wie lange man tatsächlich diskutieren muss/kann/darf hängt vom Thema, dem Ziel und der verfügbaren Zeit ab.

Flexible Zeit bedeutet zum Beispiel: Innerhalb einer Stunde, einer Woche, eines Monats, heute noch, bis Mittag usw. Das heißt, der Rahmen ist vorgegeben, aber kein bestimmter Zeitpunkt gesetzt.

Wenn es nötig ist und die Ereignisse es erfordern, ist es aber auch gut, sich selber **feste Zeiten** (wie zum Beispiel von 8-10 Uhr) zu setzen. Es ist auf jeden Fall wichtig, dass die Zeit **keinen zu hohem Druck** erzeugt, aber es soll auch nicht so sein, dass alles lasch ist. Das könnten zum Nachlassen der Konzentration führen. **Ein bisschen Druck tut immer gut**.

2.7 Diskutieren: Allgemeines Ausdiskutieren und die „Sau rauslassen"

Die Suche nach hinreichenden Lösungsbedingungen

Nun wird diskutiert und parlamentiert, wie bei Gericht, in einer Talkshow, im Parlament, bei einer Podiumsdiskussion usw., je nachdem welche Art von Technik man gewählt hat. Meinungen, Argumente, aber auch Emotionen werden hier anschaulich und ausführlich formuliert, Fragen werden gestellt und beantwortet:

- ✓ **Worum geht es?**
- ✓ **Was ist das Problem?**
- ✓ **Was stört?**
- ✓ **Was ist passiert?**
- ✓ **Was weiß man?**
- ✓ **Was könnte es sein?**
- ✓ **Was ist die Ursache?**
- ✓ **Wer kann das verschuldet haben?**
- ✓ **Wie war meine Kindheit und was war daran schlecht?**
- ✓ **Wie ist meine Ernährung und was ist daran gefährlich?**

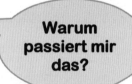

Warum passiert mir das?

Jeder Dantseloger muss seine Meinung gegenüber den anderen vertreten, verteidigen und überzeugend und ehrlich formulieren. Die Meinung soll ausführlich und logisch erklärt, begründet und wenn möglich belegt werden.

In dieser Phase muss alles raus

- Hier wird **gefragt, gebeten und aufgefordert**.

- Hier **sagt jeder, was er will**, denkt, fühlt. Hier wird geschimpft (aber nicht beschimpft), geschrien, geweint usw. Ja, die Sau muss hier rausgelassen werden, aber nur nach den definierten Regeln.

- Genau **wie es in der Realität ist**, wie du es wirklich wahrnimmst und fühlst, genauso sollte die Diskussion mit und zwischen den Dantselogern passieren.

- Hier ist **alles erlaubt**, negative, wie positive Gedanken. Die Situation muss real dargestellt werden und die Dinge so benannt werden, wie sie sind. Wenn du dich zum Beispiel immer beschimpfst, tu es auch hier!

- Hier wird die **Kindheit verarbeitet** und Traumata werden besprochen.

- Hier musst du wirklich alles rauslassen, d. h. **Gefühlsexplosionen** müssen kontrolliert zugelassen werden.

Zum Beispiel im Fall von Anne

Es wird über, Sex, Erziehung, Familie, Beziehungen, Männer, Lust, Orgasmus und Missbrauch geredet. werden gestellt. Die Dantseloger stellen sich gegenseitig alle möglichen Fragen und reden miteinander.

In der Diskussionsphase soll der Diskussionsleiter darauf achten, dass die Dantseloger **beim Thema bleiben** und nur Pro- und Kontra-Argumente nennen; sie sollten **keine Schlussfolgerungen** ziehen. Dabei ist es wichtig, sinnvoll und nützlich, Vorschläge zu machen und die eigene Meinung gut zu begründen und zu verteidigen, um die anderen zu überzeugen.

Der Diskussionsleiter muss gewährleisten, dass in dieser Phase **keine Entscheidungen** getroffen werden. Alle Fakten, Meinungen und Ideen müssen zuerst offengelegt werden. Eine vorgezogene Entscheidung könnte **unnötige Streitereien** hervorrufen und so das Ziel, eine Lösung zu finden, verhindern.

Bei der Diskussion sind auch **Emotionen zuzulassen**: Lass deine Emotionen im Rahmen der Diskussionsregeln sprechen. Du musst in der Diskussionsphase nicht immer argumentieren.

Außerdem spielen die Grammatik, die Schreibweise, die Interpunktion oder der **Stil keine Rolle**. Lass einfach los. Schreibe und Rede, wie es kommt und nach der Struktur, die du für dich festgelegt hast. Pass deine Lautstärke und deine Emotionen der Situation an.

Es kann manchmal notwendig sein, dass **kleine Gruppen** gebildet werden. Jede Gruppe kann in diesem Fall einen Diskussionsleiter wählen.

Wichtige Diskussionsgesetze

✓ Diskutiere so, als ob es **wirklich Realität** wäre. Du und die Dantseloger sollen sich so verhalten, wie sie sind. Es werden dabei Verhalten, Gefühle, Körpersprache, Stimme usw. so gut wie möglich nachgemacht, so wie es wirklich in der Realität gewesen wäre. Ist ein Dantseloger zum Beispiel dein Partner, der sehr ruhig ist und in der Realität immer lieber zuhört und weniger und leiser redet, so wird er dann im Gespräch genau so dargestellt.

✓ **Visualisiere die ganze Szenerie**, während der Diskussion. Es muss in deinem Kopf, wie in einem Kino sein: Du sitzt da und schaust dir einen Film an, in dem du selber mitspielst. Das bedeutet, du musst dir die Diskussion mit deiner ganzen Vorstellungskraft real ansehen und alles empfinden.

✓ Achte auf **zufällige Zeichen und Ereignisse**, wie plötzliche Bauchschmerzen, plötzlicher Durst, dir fällt etwas aus der Hand, wenn ein Dantseloger redet. Das könnte etwas Wichtiges sein oder bedeuten. Es könnte ein Hinweis sein.

2.8 Erstellen der Diskussionssynthese nach der Diskussionsanalyse

Die Diskussionsphase endet mit einer strikten **Analyse** der ganzen Diskussion und diese ihrerseits endet mit einer **Zusammenfassung** der Analyse, was dann zu einem Rückschluss bzw. einer **Synthese** führt.

Die Synthese und die Zusammenfassung der Analyse sind das nun ausdiskutierte, besser verstandene Problem, das du in Kapitel 1.1 „So fängst du als Anfänger mit Dantselog an" in *Schritt 2: Ist-Zustand: Das Problem klar, sachlich, logisch und deutlich definieren und affirmativ darstellen* definiert hast.

Erst in der Diskussionsphase ging es darum, das **Problem genau zu erkennen**, zu definieren, zu verstehen, woher, wieso und warum es entstanden ist, seine Folgen und gegebenenfalls die Ursache zu finden. Aus dem Austausch mit allen Dantselogern ist nun das Problem **aus Sicht aller Beteiligten** besser eingegrenzt und erfasst. Nun erstellt der Diskussionsleiter eine **Synthese, eine Art tiefere Zusammenfassung** aus den verschiedenen Meinungen, durch die Verknüpfung von Vorstellungen, Begriffen und Aussagen formt er eine **einheitliche Meinung**. Das bedeutet, der Leiter hat nun die Verantwortung, aus den Erkenntnissen und dem Wissen, das durch die Analyse gefunden wurde, ein neues Ganzes zusammenzusetzen. Er fasst das Ganze zu einer Einheit zusammen. Diese neue Einheit – die **Diskussionssynthese** – dient nun als Ausgangsbasis für die Lösungssuche.

Beispiele von Diskussionssynthesen, entstanden aus Zusammenfassungen der Analysen

Beispiel 1:

Ausgangproblem: Extremer Stress, extreme Müdigkeit, Lustlosigkeit und plötzliche Angstzustände

Synthese der Diskussion des Diskussionsleiters:

„Ich werde auf der Arbeit still und subtil von meinem Chef gemobbt und habe es nicht wahrgenommen. Er hat Angst um seinen Platz und denkt, ich würde ihn stürzen. Ich dachte, ich müsste nur noch härter arbeiten. Dadurch aber bin ich überfordert. Diese Überforderung verursacht die Symptome, die ich jetzt habe. Das ist das Problem. Ich freue mich über diese Synthese."

Diese Synthese folgt aus der Zusammenfassung der Analyse der ganzen Diskussion, die gesamte Analyse geht viel tiefer.

Die Analyse der Diskussionsphase:

„Das was ich habe ist der Anfang von Burnout. Was das Burnout verursacht hat, ist nicht die viele Arbeit, sondern das versteckte Mobbing dahinter. Mein Chef gibt mir Aufgaben, die zuerst eine Anerkennung zu sein scheinen. Nun habe ich aber erkannt, dass er genau wusste, dass diese meine Fähigkeiten und meine Qualifikationen übersteigen. Bisher war mir das selbst gar nicht bewusst und ich dachte nur, dass ich dumm sei. Bei der wöchentlichen Besprechung, wo jeder Mitarbeiter seine Arbeit vorstellt, falle ich ständig durch. Auch wenn er mir in scheinbar liebevollen Worten sagt, wie ich das hätte machen können, schäme ich zu Tode und das macht mir Stress und Angst. Schon beim Denken an die nächste Besprechung kann ich kaum schlafen und dann zittere ich am ganzen Körper. Er tut das, weil er Angst hat, dass ich seinen Platz einnehme, weil ich immer gern viel mehr mache, als ich kann und dafür vom Firmenchef ständig Lob bekomme."

Beispiel 2: Synthese

Ausgangproblem: Atemnot, Ausstrahlung von Schmerzen, Druck in Brust-, Hals-, Rücken-, Schulter- oder Bauchbereich, fahle Gesichtsfarbe, Schweißausbrüche, unerklärliche Übelkeit und Erbrechen. Diagnose des Arztes: Herzinfarkt.

Dies ist ein gutes Beispiel, dass Dantselog in alle Behandlungs- und Therapiemethoden integrierbar ist. Hier begleitet der Dantselog die Patientin bei ihrer ärztlichen Therapie.

Diskussionssynthese:

Meine schlechten und ungesunden Lebensgewohnheiten und mein Lebensstil mit Übergewicht haben mir Diabetes gegeben. Zu viel Alkohol. Meine Herzkrankheit (Herzinfarkt) ist die Folge- und Begleiterkrankung dieses Diabetes. Ich rauche viel. Für mich als Diabetikerin ist das Rauchen besonders gefährlich. Mit den über 3000 Giftstoffen in einer Zigarette ist Rauchen ein große und massive Risikoerhöhung für Herzkreislauferkrankungen.

2.9 Persönliche Bestandsaufnahme nach der Diskussionsphase: Tagebuch der Veränderungen

Nun weißt du genau, was das Problem ist, woher es kommt und warum es gekommen ist. Jetzt ist die Lösungssuche klarer. Nachdem du jetzt diese Erkenntnisse aus der Diskussion hast, geht es nun darum, **wie du dich damit fühlst**. Nun sind **Emotionen** gefragt. In deinem Tagebuch beschreibst du nun die neue Lage, deinen Zustand oder den Zustand der Beteiligten (Verhalten, Gefühle, Gedanken, Gesundheit, Reaktionen usw., bevor du die Lösungssuchephase beginnst. Der Sitzungsleiter verkündet dann die Sitzung dieser Phase als beendet.

Tagebuch der Veränderungen

Lege dir ein Tagebuch der Veränderungen zu. In diesem Buch notierst du alle Veränderungen in Bezug auf das Problem für das du gerade eine Lösung suchst.

Wie geht es dir jetzt? Was hat sich bei oder in dir, in deiner Vorstellung, in deinen Gedanken, in deiner Psyche, in deinem Körper verändert? Wie hat sich das Problem verändert?

2.10 Übergang von der Diskussions- phase zu Lösungssuchephase

Lass das Ganze nun etwas ru- hen. Lenke dich ab. Wende dich etwas anderem zu.

Es stellt sich nun die Frage, wann man nach der intensiven Diskussionsphase zur nächsten Phase übergeht. Beim Erlernen des Dantselogs und auch für Anfänger empfehle ich, nach der Diskussionsphase **eine Pause** einzulegen, bevor du zur Lösungssuche übergehst. Während der Pause lässt du die Dantseloger die Diskussion Revue passieren. Der Druck sinkt, der Kopf erfrischt sich und somit auch die Gedanken. Du **verarbeitest** automatisch bewusst und unbewusst alle Erkenntnisse aus der Diskussionsphase. Die Pause muss aber nicht sehr lang sein, damit der Kopf nicht so viel vergisst. Die Dauer hängt auch von **Thema und Intensität der Debatten** in der Diskussionsphase ab.

Die Pause sollte aber **24 Stunden nicht überschreiten**. Ein paar Minuten bis einige Stunden sind gut. Du kannst die Pause nutzen, um einzukaufen, zu duschen, zu kochen, Sport zu treiben, spazieren zu gehen, einen Film zu schauen usw. Lass das Ganze einfach etwas ruhen. Du hast deinem Unterbewusstsein schon genug Futter gegeben und es arbeitet in Ruhe für dich, während du dich um andere Dinge kümmerst.

Nach der Pause und bevor du nun weitermachst, hole die Diskussionssynthese wieder hervor und lies sie noch einmal durch.

3.
Erfolgsorientierte
Lösungs-
suchephase

Ich nenne diese Phase auch die die „Wie-Phase"

> **In der Phase der Lösungssuche (Lösungsvisionen) werden mögliche und hypothetische Lösungen konstruiert und die problemgelöste Situation virtuell und fiktiv genauer dargestellt und angeschaut.**

Die Wie-Phase ist die Lösungsfindungsphase, die Suche nach den Zielerreichungswegen. **Welche Möglichkeiten** – auch wenn diese dir erstmal unrealistisch erscheinen – schlagen die Dantseloger vor, um das synthetisierte Problem aus der Diskussionsphase zu lösen?

Finden einer Lösungssynthese:
Das Aushandeln der Lösungskonzeption

Du kennst nun die Diskussionssynthese sehr gut, die das Problem genau darstellt. Dieses soll nun gelöst werden. Wenn du die Lösung noch nicht gefunden hast, dann begibst du dich auf die Suche oder lässt zu, dass sie zu dir kommt. Du legst in dieser

Phase die ersten **Grundsteine zur Lösung**. Es werden Lösungsideen gesammelt, studiert, aussortiert und am Ende kommt es in der Ergebnisphase zu einer **Lösungsverschreibung**.

> **„Jedes Problem trägt seine Lösung, jede Botschaft trägt ihre Antwort."**
>
> **Das ist die Grundüberzeugung in dieser Phase.**

Die **Diskussion ist nun endgültig beendet** und jetzt wird gezielt lösungsorientiert gesprochen und geredet. Es ist wie die Diskussionsphase, aber hier wird **nur noch positiv** nach möglichen Lösungen zum Beilegen des Problems bzw. nach Wegen zur **Lösungsfindung gesucht**.

Was und wie man sein Ziel erreichen will steht nun ausschließlich im Vordergrund und im Fokus, dabei helfen die Erkenntnisse aus der Diskussionsphase. Nichts wird erzwungen. Falls Lösungen nicht klar zu dir kommen, dann werden noch einmal die Punkte Auswahlphase und Diskussionsphase studiert und angepasst.

Das virtuelle lösungsorientierte Gespräch wird zunächst sehr **analytisch, rational und logisch** betrachtet und später mit Emotionen (Gefühlen) unterstützt bzw. untermauert. In dieser Phase wird **noch keine Entscheidung** getroffen.

Es geht bei diesem Gespräch um Fragen wie:

- ◇ Wie und was könnte man tun, um das entstandene Problem zu lösen?

- ◇ Wie kann man das Problem lösen, welche Möglichkeiten gibt es?

- ◇ Welche Kompromisse sind möglich, was ist gut für jeden Beteiligten?

- ◇ Welche Lösungsansätze gibt es oder sind möglich bzw. hinnehmbar?

- ◇ Was müsste ich tun?

- ◇ Was müssten die anderen tun?

- ◇ Was muss sich ändern, was muss ich ändern?

- ◇ Wie sollte es sich ändern?

Es wird sich auf das Positive, auf die Lösung und auf eine **Zukunft ohne das Problem** fokussiert. Es geht in dieser Phase darum, alle möglichen Lösungen zum Erreichen des Ziels zu benennen, zu studieren und zu analysieren.

Du listest sämtliche Lösungsansätze auf, die Dantselogern in den Sinn kommen!

Jeder Dantseloger (und du bist auch einer von ihnen), soll nach seinen **Lösungsideen gefragt** werden und für diese argumentieren und gegebenenfalls Fragen dazu beantworten. Über all diese Lösungsvorschläge setzt man sich in einer positiven Diskussionsform auseinander und bespricht ihre jeweiligen **Vor- und Nachteile**.

Auch wenn eine Lösung unrealistisch, komisch oder nicht passend erscheint, wird sie dennoch notiert und genauso beachtet wie alle anderen Lösungsvorschläge. Denn vielleicht ist so eine alternative Lösung am Ende tatsächlich die richtige Lösung zum Beseitigen des Problems, die das Unterbewusstsein gesehen hat, das Bewusstsein aber noch nicht.

In der Diskussionsphase war alles erlaubt. Es waren problemorientierte Auseinandersetzungen. Nun aber ist die Diskussion **rein lösungsorientiert**. Du gehst sehr gezielt vor und die Formulierungen sind **strikt positiv**, aber in dieser Phase darfst du noch negative Formulierungen nutzen, um deine Position zu erklären. Wichtig ist es, dass du mit einer positiven Formulierung abschließt.

Beispielhafter positiver Lösungsvorschlag eines Dantselogers zum Thema Darmgesundheit mit einer negativen und positiven Formulierung:

„Kein Weißmehl mehr essen, denn Weißmehl stresst die Darmwand und durchlöchert sie. Nimm deswegen nur noch glutenfreies Mehl zu dir.“

Diese Art von **Fokussierung und Konzentration** auf die Lösung erleichtert eine Veränderung in die gewünschte Richtung.

In der Lösungserstellungsphase ist eine **klare Denk-Dominanz** zu sehen: Es wird bewusst die Entscheidung zu deinen Gunsten gelenkt (zu dem, was du erreichen willst). Das ist eine klare rationale Handlung, die in die Emotion übergeht. Die Diskussion ist tatsächlich beendet und nun findet die **„Manipulation"** bzw. „der Einfluss oder die Beeinflussung" deiner Dantseloger statt, damit das gewünschte Ziel erreicht wird und eine Lösung, die zu dir passt, gefunden wird. Aber obwohl man rational verhandelt, dürfen und müssen die Dantseloger die Freiheit haben, auch subjektive, unlogische, unrealistische, absurde, unsinnige oder **irrationale Lösungsvorschläge** zu unterbreiten. Es muss nicht wie in der Diskussionsphase streng beim Thema geblieben werden, sondern alles ist erlaubt, jede noch so abwegige Idee kommt zur Sprache. Oft sind die Ursachen eines Problems irrational, dann hilft auch nur eine „verrückte" Lösung.

3.1 Entspannungsmeditation und die richtige Atemtechnik, die heilt

Auch hier, wie in allen anderen Phasen, fängst du immer mit der empfohlenen **Entspannungsmeditation** aus Kapitel A „Entspannungsmeditation und die richtige Atemtechnik, die heilt" an. Bei **Fortgeschrittenen** wird die Meditation immer an das Thema und die Dantseloger der jeweiligen Phase angepasst oder nur an das Thema und die Dantseloger werden dann dazu passend ergänzt.

3.2 Die Formel der inneren geistigen Einstellung

Sprich die Formel der inneren geistigen Einstellung glaubhaft und überzeugend voller Freude und mit einem Lächeln, um dich am Ende der Meditation (noch im meditativen Zustand) auf das Kommende einzustimmen:

„Alles und alle um mich herum und in mir tragen dazu bei, dass ich mein Ziel erfolgreich erreiche und glücklich bin. So war es immer gewesen, so ist es immer geplant worden, auch diesmal wird es so sein, so wird es geschehen, so ist es geschehen, so sei es. Danke!"

3.3 Sitzungsleiter bestimmen

Es empfiehlt sich auch hier, einen Versammlungsleiter einzusetzen, dieser wird unter allen ausgewählt. Am besten bestimmst
du **dich selbst als Leiter**. Du bist dann nicht nur teilnehmender Dantseloger, du führst auch das Gespräch. Du stellst dich
und deine Aufgabe allen Dantselogern vor. In manchen Fällen
kann es auch besser sein, wenn ein anderer Dantseloger diese
Aufgabe übernimmt.

Die **Aufgaben des Gesprächsleiters** sind zum Beispiel
(diese Liste kann selbstverständlich beliebig ergänzt und angepasst werden):

✓ **Präsentation des Themas: Was ist das Ziel des
Themas? Welche Entscheidung(en) sind zu treffen? Was genau soll gemacht werden? Wenn nötig verwende Hilfsmittel (wie eine Tafel, Papier),
die die Themen schriftlich, stichpunktartig zeigen.**

✓ **Falls neue Dantseloger dazugekommen sind,
diese vorstellen.**

✓ **Die Regel, wie weiter unten definiert, bekanntge-
ben, das betrifft u.a.:**

   • **verfügbare Zeit,**

   • **maximale Redezeit für jeden Beitragsteilneh-
mer.**

✓ **Verschiedene Lösungen notieren.**

✓ Wort erteilen, wenn nötig.

✓ Wortmeldungen notieren und im Kopf oder schriftlich eine Liste führen, wer sich zu Wort gemeldet hat.

✓ Zwiegespräche nicht unterbinden, aber kontrollieren, dass sie im Rahmen bleiben.

✓ Gespräche in Gang bringen und kontrollieren: Du solltest aber generell nicht zu viel lenken, nicht zu viel intervenieren. Dantseloger müssen ungeniert, ungehindert frei reden können, denn hier müssen alle möglichen Lösungsvorschläge raus. Nur bei hartnäckiger Zeitüberziehung solltest du eingreifen. Insgesamt sollte sehr wenig Kontrolle ausgeübt werden, es muss nur aufgepasst werden, dass sie Dantseloger die Regeln respektieren.

✓ Die Zeit im Auge behalten und evtl. auf das nahende Ende hinweisen; falls die Zeit noch mehr drängt, keine Beiträge mehr zulassen.

✓ In dieser Phase keine Schlussbemerkungen und keine Bewertungen der Lösungsvorschläge und Argumente der anderen vornehmen.

✓ Am Ende die Auflistung aller Lösungsvorschläge noch einmal laut vorlesen.

✓ Sitzung beenden: Die Lösungssuchephase schließen und auf den nächsten Schritt hinweisen.

3.4 Benötigte Dantseloger definieren

Welche Dantseloger werden für die Lösungssuche gebraucht?

 Ich nehme wieder das Beispiel von Christa, der Frau mit Diabetes, um zu zeigen, wie eine solche Auswahl aussehen kann.

Die Anfangsdansteloger, die in der Diskussionsphase benötigt wurden, werden auch in dieser Phase bleiben. Diese waren:

Sie selbst (Christa), Diabetes, das ungesunde Essen, Zucker, Cola, Käse, Pizza, Weizen, einfache Kohlenhydrate, Fett, Fleisch, Übergewicht, Insulin, hohe Blutzuckerwerte, Darm, Kuchen, Bewegungsarmut, negatives Denken, mangelnde Selbstliebe, Zigaretten, Kaffee, Alkohol, Stress, viel Durst, Arzt usw.

 Diese Dantseloger haben dazu beigetragen, dass der Diabetes entstand und sie werden selbst die Lösungen vorschlagen, die dazu führen können, dass den Blutzuckerspiegel wieder auf Normwerte sinkt.

3.5 Lösungssuche-Grundregeln festlegen

Um ein Gespräch erfolgreich zu führen, musst du **klare, aber flexible Grundregeln** festlegen und alle Dantseloger sollten sich daran halten. Die Regeln musst du angepasst an das vorliegende Problem und verfolgte Ziel festlegen. Du darfst sie nicht so bestimmen, dass sie zu dir passen, sondern dass sie helfen, das gewünschte Ergebnis zu erzielen. Deshalb kann es auch manchmal Regeln geben, die dir gar nicht gefallen. Die Regeln für die Lösungssuche sind zum großen Teil **die gleichen wie in der Diskussionsphase**, man kann sie aber nach seinen Bedürfnissen anpassen und ergänzen, je nach Problem, das man lösen wird. Die **Grundregeln** werden aber **nicht verändert**.

Beispiele für Regeln, die noch dazukommen:

✓ **Auf Ausnahmen achten:** Alle Lösungsvorschläge müssen begründet werden. Aber besondere Aufmerksamkeit bekommen solche, die ein Dantseloger nicht begründen kann. Solche Fälle, wenn man zum Beispiel sagt: „Ich weiß nicht warum, aber ich würde es so machen…", sind oft Intuition und geben die richtige Richtung.

✓ **Sachlichkeitspflicht entfällt:** Anders als in der Diskussions-Phase muss man hier nicht sachlich bleiben. Lösungsvorschläge können subjektiv, unlogisch, absurd, unvernünftig, unreal, unsinnig, irrational sein.

Zusammengefasst sind **folgende Regeln zentral** für eine gute erfolgs- und zielorientierte Lösungssuche (einzuhalten von allen beteiligten Dantselogern):

✓ **Lass andere ausreden und unterbrich niemanden.**

✓ **Hör gut zu und schau den Sprecher an.**

✓ **Rede erst, wenn du an der Reihe bist.**

✓ **Schau die anderen an, wenn du mit ihnen redest.**

✓ **Sei höflich.**

✓ **Lasse positive Emotionen (Lachen, Freude, glücklich sein, laut sein usw.) zu.**

✓ **Lache niemanden aus.**

✓ **Beleidige niemanden.**

✓ **Schüchtere niemanden ein.**

✓ **Äußere hier keine Kritik.**

✓ **Erkläre deine Lösungsvorschläge, so gut du kannst.**

 Ein Tipp: Gesprächsregeln können auf einem großen Zettel oder Plakat notiert und aufgehängt werden, damit sie immer im Blick sind, wenn du einen Dantselog führst.

3.6 Wann und wo führt man die Diskussion am besten?

Für Anfänger der Dantselogie ist es wichtig, sich einen **ruhigen Zeitpunkt und stillen Ort** zu suchen, wo man nicht gestört ist oder es werden kann und wo man keinen Druck und Stress hat. Man muss sich frei genug fühlen, um auch laut sein zu können. Das ist alles. Dieser Ort kann in der Natur sein, in einem Zimmer, im Auto usw. und du kannst beim Gehen, im Sitzen, im Stehen oder auch im Liegen Dantseloge führen.

Bei **Fortgeschrittenen** kann die Diskussion im Kopf auch während turbulenten Situationen und **an allen Orten** stattfinden. Zum Beispiel kurz vor einem Elfmeter-Schießen, in einer harten Verhandlung, bei einer Versammlung oder irgendwo, wo man sich nicht an einen ruhigen Platz zurückziehen kann und dazu nur wenig Zeit hat. Fortgeschrittene **können auch bei höherem Druck und in einer Stressphase** auf Dantselog zurückgreifen, um als Sieger aus der Situation zu gehen. In der Version für Fortgeschrittene werde ich dir zeigen, wie genau das funktioniert. Aber zuerst musst du als Anfänger die Basis der Dantselogie verstehen, um zu wissen, wie es funktioniert, dann kannst du die fortgeschrittenen Techniken erlernen.

3.7 Flexibles Zeitlimit: Wie lange dauert Lösungssuchephase?

Man kann nicht ewig nach Lösungen suchen. Es muss ein **klares, aber flexibles Zeitlimit** geben. Wie lange man tatsächlich diskutieren muss/kann/darf hängt vom Thema, dem Ziel und der verfügbaren Zeit ab.

Flexible Zeit bedeutet zum Beispiel: Innerhalb einer Stunde, einer Woche, eines Monats, heute noch, bis Mittag usw. Das heißt, der Rahmen ist vorgegeben, aber kein bestimmter Zeitpunkt gesetzt.

Wenn es nötig ist und die Ereignisse es erfordern, ist es aber auch gut, sich selber **feste Zeiten** (wie zum Beispiel von 8-10 Uhr) zu setzen. Es ist auf jeden Fall wichtig, dass die Zeit **keinen zu hohem Druck** erzeugt, aber es soll auch nicht so sein, dass alles lasch ist. Das könnten zum Nachlassen der Konzentration führen. **Ein bisschen Druck tut immer gut**.

3.8 Lösungen suchen und die Entwicklung von Möglichkeiten

Du möchtest nun die Lösungsmöglichkeiten sammeln.

1. Meditiere und entspannt dich

Wie bei der Diskussion ist es hilfreich, bei der Suche nach Lösungen so zu handeln, als ob es wirklich in der Realität wäre.

✓ Schau in deinem Kopf nun die Diskussionssynthese bildlich an: du bist nun tief darin.

✓ Diskutiere so, als ob es wirklich Realität wäre. Du und die Dantseloger sollen sich so verhalten, wie sie sind. Es werden dabei Verhalten, Gefühle, Körpersprache, Stimme usw. – soweit man es weiß – nachgemacht, wie die Personen wirklich sind. Ist zum Beispiel einer der Dantseloger dein Partner, der sehr ruhig ist, lieber zuhört, wenig und leise redet, dann wird er in dem Gespräch genau so dargestellt.

✓ Nun visualisiere die Dantseloger und konzentriere dich auf ihre Lösungsvorschläge. Versuche, eine genauere Vorstellung der Situation in deinem Kopf zu schaffen. Visualisiere während der Suche die ganze Szenerie. Das bedeutet, du musst die einzelnen Lösungsvorschläge mit deiner ganzen Vorstellungskraft real sehen und empfinden.

✓ Achte auf zufällige Zeichen und Ereignisse. Sie könnten auf etwas Wichtiges für die Suche nach der Lösung deuten.

✓ Negative und positive Formulierungen sind hier noch erlaubt: Du gehst sehr gezielt vor und die Formulierungen sind im Grunde strikt positiv. Aber du kannst hier noch negative Formulierungen verwenden, um deine Position zu erklären. Wichtig ist es, dass du deine Aussage mit einer positiven Formulierung abschließt.

Jeder mitwirkende Dantseloger macht seinen Lösungsvorschlag mit **detaillierter Erklärung**, warum dieser zum gesetzten Ziel führen wird. Alle anderen Dantseloger können währenddessen **Fragen dazu stellen**, damit er seine Aussage besser präzisiert und besser verständlich macht.

Du als Sitzungsleiter sammelst alle Lösungsvorschläge aller Dantseloger, ohne etwas auszuschließen. Alles, was dir und den Dantselogern einfällt, wird notiert. Auch Lösungen, die nicht real und völlig irrational erscheine, werden einfach aufgeschrieben.

3.9 Lösungsanalyse und Lösungssynthese: Sortieren der Lösungsmöglichkeiten

Der Sitzungsleiter eröffnet diese Phase, indem er alle Lösungsvorschläge jedes einzelnen Dantselogers zusammenfasst.

Nachdem nun ein **gesamter Überblick** über die Lösungsmöglichkeiten mit Vor- und Nachteilen erstellt ist, geht es ans Sortieren, nach dem Motto

„Welche Lösungsmöglichkeiten bieten sich am besten an, um das Problem zu lösen?

Welche Lösungen sind nur bedingt einsetzbar?

Welche gehen nur ein bisschen?

Welche gehen weniger oder gar nicht?"

Die Frage ist ganz bewusst nicht: „Welche Lösungen sind realistisch?" Denn eine Lösung kann realistisch erscheinen, aber dennoch falsch sein.

Die verschiedenen Lösungsvorschläge, die du hast, werden nun analysiert. In der **Analyse** geht es visualisierend und virtuell um Vor- und Nachteile, um Machbarkeit, um die Chance jedes einzelnen Lösungsvorschlags. Sehr wichtig: **lasse dich nicht von der Realität beeinflussen**. Denn eine Lösung kann anscheinend total gegen die Realität gehen, das bedeutet, unmöglich erscheinen. Das soll dich nicht bremsen. Die Lösung kann irreal erscheinen, aber dennoch die Lösung sein, um das in der realen Welt unerreichbare Ziel doch zu erreichen. Bleibe dabei und analysiere weiter in deiner virtuellen Welt. Bleib weiter überzeugt von diesen Lösungen. **Glaube fest daran**.

> **Aus dieser Analyse werden von allen Lösungen, die drei besten synthetisiert. Das sind die drei Lösungen oder kombinierten Lösungen, die die größte Chance haben, das Problem zu lösen bzw. zur Zielerreichung zu führen.**

Du notierst nun diese drei (mindestens) bis fünf (höchstens) Lösungsmöglichkeiten. Du liest sie laut, damit du sie selbst gut hören kannst, mit einer überzeugten Stimme. Jede Lösung wird genau visualisiert (du stellst dir vor, wie sie helfen wird, das Problem zu lösen und wie das Problem wirklich damit gelöst wird) und dann angenommen.

Beispiel einer Lösungssynthese bei

1. Darm vom Müll der vorherigen schlechten Ernährungsweise reinigen.

2. Gute und gesunde Ernährung: Verzicht auf Weizen, Zucker, zu viel Salz, Wein und andere alkoholische Getränke (kombinierte Lösung).

3. Gesunder Lebensstil, Zigarettenrauchen total abstellen, Alkoholverzicht, dafür viel Sport und Bewegung.

4. Abnehmen und Gewicht reduzieren.

5. Stress vermeiden und positive psychische Einstellung entwickeln.

Mit dem Erreichen der Lösungssynthese erlöschen die meisten Dantseloger. Nun geht's zur nächsten Etappe!

3.10 Persönliche Bestandsaufnahme nach der Lösungssuchephase: Tagebuch der Veränderungen

Nach dieser intensiven Arbeit geht es nun darum, zu sehen, **wie du dich fühlst**. Was hat sich **verändert** im Vergleich zu deinem Gefühl nach der Diskussionsphase? Nun sind **Emotionen** gefragt. In deinem Tagebuch beschreibst du die neue Lage, deinen Zustand oder den Zustand der beteiligten (Verhalten, Gefühle, Gedanken, Gesundheit, Reaktionen usw.…). Der Sitzungsleiter verkündet die Sitzung dieser Phase als beendet.

 Wie ist die „Temperatur"? Wie geht es dir jetzt? Was hat sich bei/in dir, in deiner Vorstellung, in deinen Gedanken, in deiner Psyche, in deinem Körper verändert?

3.11 Übergang von der Lösungssuchephase zur Lösungsverschreibungsphase

> **Lass das Ganze nun etwas ruhen. Lenke dich ab. Wende dich etwas anderem zu.**

Nach dieser intensiven Phase stellt sich die Frage, wann man zur nächsten Phase übergeht. Beim Erlernen des Dantselogs und für Anfänger schlage ich vor, **nach jeder Phase eine Pause** anzulegen. Während der Pause lässt du für dich und die Dantseloger die Synthese der Lösungssuchephase Revue passieren. Der Druck sinkt, der **Kopf erfrischt** sich und somit auch die Gedanken. Du verarbeitest automatisch – bewusst und unbewusst – alle Erkenntnisse und sie wirken allein im Hinterkopf die ganze Zeit auf das Problem ein, ohne dass du direkt etwas machen musst. Du hast dein **Unterbewusstsein** genug Futter gegeben und es **arbeitet in Ruhe für dich**, während du dich um andere Dinge kümmerst.

Dir können in der Pause verschiedene Dinge zu dieser Lösungssynthese einfallen. Notiere sie neben den drei Lösungen, ohne die schon vorher notierten Lösungen zu streichen oder zu verändern. Die **neu eingefallenen Ideen** werden aber in die Lösungsverschreibung einfließen bzw. dort berücksichtigt.

Die Pause kann an dieser Stelle **ein bisschen länger** dauern, als nach der Diskussionsphase. Du musst wissen, dass das Problem in diesem Moment schon längst **von Lösungen „angegriffen"** wird. Die Lösungsstrategie wirkt schon. Dennoch sollte die Pause **72 Stunden nicht überschreiten**. Bei manchen Problemen werden aber sogar mehrere Tage Pause nötig und notwendig sein.

 Nach der Pause, bevor du nun weitermachst, holst du dir wieder die Lösungssynthese und die neue eingefallene Zusatzlösungen und liest sie noch einmal vor.

Nun gehst du zur nächsten Phase, wo du die „Medikamentenherstellung" vollendest und es dir verschreibst.

4.

Erfolgsorientierte

Lösungs-
erstellungs- &
Verschrei-
bungsphase

> **Du stellst dir in dieser Phase vor, dass du ein Patient bist, der beim Arzt ist. Der Arzt hat dich schon untersucht; er weiß welche Medizin dir helfen kann. Nun mischt er aus verschiedenen Zutaten das Endmedikament zur Heilung der Krankheit zusammen. Das Medikament (die Lösung) ist erstellt. Dieses wird er dir zum Einnehmen verschreiben.**

Ungefähr so solltest du dir diese Phase vorstellen und sie verstehen. Die Lösungserstellung ist die Lösungsfindung und die Lösungsverschreibung ist die Verschreibung des Medikamentes, das dir endgültig helfen wird, dein Ziel erfolgreich zu erreichen.

In der Dantselogie ist es der Dantselog-Experte, der die Rolle des „Arztes" übernimmt.

4.1 Entspannungsmeditation und die richtige Atemtechnik, die heilt

Auch hier, wie in allen anderen Phasen, fängst du immer mit der empfohlenen **Entspannungsmeditation** aus Kapitel A „Entspannungsmeditation und die richtige Atemtechnik, die heilt" an. Bei **Fortgeschrittenen** wird die Meditation immer an das Thema und die Dantseloger der jeweiligen Phase angepasst oder nur an das Thema und die Dantseloger werden dann dazu passend ergänzt.

4.2 Die Formel der inneren geistigen Einstellung

Sprich die Formel der inneren geistigen Einstellung glaubhaft und überzeugend voller Freude und mit einem Lächeln, um dich am Ende der Meditation (noch im meditativen Zustand) auf das Kommende einzustimmen:

„Alles und alle um mich herum und in mir tragen dazu bei, dass ich mein Ziel erfolgreich erreiche und glücklich bin. So war es immer gewesen, so ist es immer geplant worden, auch diesmal wird es so sein, so wird es geschehen, so ist es geschehen, so sei es. Danke!"

4.3 Sitzungsleiter bestimmen

Auch in dieser Phase wird ein Sitzungsleiter bestimmt. Der Leiter der Diskussionsphase bleibt auch jetzt der Leiter, denn er kennt die Vorgeschichte schon ganz gut. Es gibt dann eine Kontinuität. Im Normalfall bist du selbst dieser Leiter. **Diese Rolle** ist ganz klar und einfach:

✓ **Sitzung eröffnen und noch einmal erklären, worum es nun geht.**

✓ **Noch einmal eine Auflistung der Lösungssynthese sowie der positiven Ideen und Bemerkungen, die während der Pause entstanden sind, erstellen.**

✓ **Den Experten das Wort erteilen.**

✓ **Die Expertenentscheidung den Dantselogern vorstellen, die die Entscheidung einstimmig akzeptieren.**

✓ **Sitzung beenden: Die Lösungserstellungsphase schließen und Hinweise auf den nächsten Schritt geben.**

Beispiel, wie Christas Auflistung der Lösungssynthese und der positiven Ideen aussehen könnte:

Lösungssynthese	positive Bemerkungen/ Ideen
1. Darm reinigen, Verzicht auf Weizen, Zucker, zu viel Salz, Wein und andere alkoholische Getränke (zusammengetane Lösungen) 2. Sporttreiben und Abnehmen (Zusammengetane Lösungen) 3. Stress vermeiden und eine positive psychische Einstellung an den Tag legen	Jeden Tag spazierengehen, 3 Mal die Woche joggen oder walken; die besten Darmreiniger: Habaneros, Ingwer, Knoblauch, Okraschote, Ingwer-Wasser-Tee: 2 Liter jeden Tag

4.4 Lösungserstellungs- und Verschreibungs-Grundregeln festlegen

Es gelten für die Lösungserstellung und -verschreibung die gleichen Regeln wie in der Diskussionsphase. Diese Regeln kennst du schon. Aber diese **ergänzenden Regeln** sind nun besonders wichtig:

✓ Alle neuen **„positiven Bemerkungen"** die während der Pause entstanden sind, müssen begründet und von allen Dantselogern akzeptiert werden.

✓ **Expertenentscheidungen sind zu akzeptieren** aber klärende Fragen von Dantselogern müssen beantwortet werden.

✓ **Ich-Form benutzen:** Hier wird ausschließlich die „ich"-Form benutzt.

✓ Benutzung einer **positiv-direkten und aktiven Formulierung:** Die Lösungsverschreibung ist ausschließlich nur in positiven Formulierungen, die dem gewünschten Ziel entsprechen, zu stellen:
„Ich gewinne jetzt!"
„Dieser Elfer ist drin!"
„Die Prüfung ist erfolgreich!"

„Ich schaffe es!"

✓ Formuliere deine Anfragen oder Bitte mit **kurz-fristigen Formulierungen**, beispielsweise:

> **sobald wie möglich,
> jetzt, heute, sofort**

und verwende nie Worte wie

> **morgen, irgendwann
> oder in der Zukunft**

Sage zum Beispiel:

> **„Ich bin jetzt
> gesund!"**

und nicht:

> **„Ich werde
> gesund..."**

Mit „werde" verschiebst du den Effekt in die Zu-kunft, aber unser Gehirn handelt am bestens ak-tuell. Deswegen bleibt das aktuellste Ereignis im Bewusstsein des Menschen an erster Stelle.

✓ **Beziehe dich deswegen immer auf die Gegenwart.** Zum Beispiel: „Mein Darm ist jetzt gesund", statt: „Mein Darm wird gesund sein." Wenn du die Zukunftsform benutzt, solltest du deine Aussage zumindest mit der Gegenwartsform abschließen: „Es wird alles gut, alles ist gut." Nicht vergessen, morgen wird schon heute gemacht. Zukunft ist heute! „Ich werde, ich muss, ich will..." sind Weichmacher. Wenn das, was du willst, in der Zukunft liegt, dann wird dieser Tag im „jetzt" angesprochen. Zum Beispiel: Wenn du möchtest, dass du in zwei Wochen am Freitag, einen Termin bei deinem Chef bekommst, redest du so: „Am Freitag, den 16.11.2018, habe ich einen Termin beim Vorstandsvorsitzenden."

Wenn du noch nicht genau weißt, wann du den Termin haben willst und deswegen den Tag nicht genau bestimmen kannst, dann sagst du: „Ich habe so schnell wie möglich einen Termin mit dem Chef."

✓ **Vermeide pseudo-positive Formulierungen und Verneinungen.** Statt zum Beispiel zu sagen: „Ich werde es nicht schlecht machen", sag: „Ich mache alles richtig". Statt: „Ich will nicht verlieren", sag: „Ich gewinne" oder „ich werde gewinnen, ich gewinne". Verzichte auf „nicht wirklich, wenn es sein muss, nicht schlecht, es ist egal, aber, das ist nicht schlecht..."

✓ **Positive Vergangenheit kann benutzt werden**, um vollendete positive Tatsache zu verkünden. Zum Beispiel: „Ich habe gewonnen, ich habe gut gelernt (dies machst du auch in der Realität), ich habe es gut gemacht, ich habe bestanden."

✓ **Hebe die Stärken hervor:** „Mein Darm ist stark genug, um mich zu heilen."

✓ **Verwende positive Kraftwörter:** Formuliere mit den richtigen Kraftwörtern wie gesund, überglücklich, stark, gewinnen, siegen, fantastisch, wunderbar oder begeistert.

✓ **Verzichte auf „Weichmacher" und Wunschformulierungen:** „ich werde", „ich muss", „ich will", „ich möchte", „ich glaube, dass ", „okay…", „ich denke, dass…", „mit Glück, werde ich…"
Formuliere deine Sätze nicht als Wünsche, sondern wie Befehle, in der Annahme, dass es so ist, mit der Überzeugung, dass dein Wunsch schon geschehen ist.

✓ **Keine Angstformulieren:** „Ich werde versuchen …", „ich probiere…", „ich hoffe, dass…", „mit Glück und Gottes Hilfe werde ich…", „mal sehen…", „vielleicht…"
Statt: „Ich werde versuchen, den Chef zu überzeugen", sag: „Ich überzeuge meinen Chef."

✓ **Fokussierung:** Konzentration, Gedanken-Fokussierung auf das gewünschte Ergebnis. Stelle dir das Ergebnis in Gedanken intensiv vor und erlebe es.

✓ **Falsche Interpretation:** Achte darauf keine Wörter zu verwenden, die dein Gehirn falsch interpretiert kann.

4.5 Wann und wo führt man das Gespräch am besten?

In dieser Phase gilt das Gleiche wie in der Diskussionsphase, siehe Kapitel 2.5.

4.6 Flexibles Zeitlimit: Wie lange dauert die Lösungserstellungs- und Verschreibungsphase?

Auch hier gilt das Gleiche wie in der Diskussionsphase, siehe Kapitel 2.6.

4.7 Die Lösungserstellung und die Lösungsverschreibung: Medikamentenherstellung und -verschreibung

Diese Phase ist sehr wichtig, vielleicht sogar **die wichtigste**, denn sie entscheidet, ob die gefundenen Lösungen Wirkung zeigen werden oder nicht. Das ist die Phase, in der du das Ergebnis annimmst und es **vollständig und in vollem Glauben**, dass es wirklich gut ist, wie es ist, **akzeptierst**. Danach lässt du los und wartest auf die Wirkung. Wenn du spürst, dass du das Ergebnis nicht annehmen kannst, dein Körper sich dagegenstellt, dann mach eine Pause und führe das ganze Procedere von neuem durch.

> **Die Lösungserstellung und die Lösungsverschreibung nimmt der unabhängige Experte vor, der die ganze Zeit als Beobachter an der Sitzung teilnimmt.**

Entscheidung über die bestmögliche Lösung treffen

Nach der Analyse hast du als Leiter eine **Lösungssynthese** herausgearbeitet. Du musst nun daraus die **Lösung** basteln, sozusagen aus diesen Zutaten das Medikament herstellen. Um die Sache zu vereinfachen, werde ich von nun an nur noch den Ausdruck „Lösungsverschreibung" benutze. Das umfasst aber auch die Lösungserstellung.

 Beispiel für das Finden einer Lösungs-verschreibung

Die Lösungssynthese für die an Diabetes erkrankte Christa war:

✓ **Darm vom Müll der vorherigen schlechten Er-nährungsweise reinigen**

✓ **Gute und gesunde Ernährung. Verzicht auf Wei-zen, Zucker, Wein und andere alkoholische Ge-tränke (zusammengetane Lösungen) und Reduk-tion von Salz**

✓ **Gesunder Lebensstil: Zigarettenrauchen total abstellen, Alkoholverzicht, dafür Sport und Be-wegung**

✓ **Abnehmen und Gewicht reduzieren**

✓ **Stress vermeiden und positive psychische Ein-stellung**

Dazu kamen die gewonnenen **positiven Bemerkungen**:

„Jeden Tag spazieren gehen, 3 Mal die Woche joggen oder walken, die besten Darmreiniger: Habaneros, Ingwer, Knoblauch, Okra-Schote, Ingwer-Wasser-Tee, 2 Liter jeden Tag"

Aus dieser Synthese und den Bemerkungen muss nun **der neutrale Experte** das „Medikament", das heißt die Lösungsverschreibung herstellen und dir in **Ich-Form** verabreichen.

Christa Expertenlösungsverschreibung

Die Lösungsverschreibung, die aus einer Kombination der Lösungssynthese entsteht, könnte in Christas Fall so ähnlich aussehen:

Ich habe nun einen gesunden Lebensstil. Ich trinke nur noch Wasser mit Ingwer, ich nehme nur noch mehrfache Kohlenhydrate zu mir, mit viel Gemüse wie Okra oder Avocado und vielen Kräutern, insbesondere Ingwer, Knoblauch und Habanero Chilischoten. Sie reinigen ständig meinen Darm, meine Nieren, meine Leber und meine Bauchspeicheldrüse. Ich bewege mich genug. Ich habe eine positive psychische Einstellung. Mein Körper spricht immer besser auf das Insulin an. Alles das führt dazu, dass der Zucker in meinem Blut letztendlich wieder in die Zellen gelangt. Dadurch sinkt mein Blutzuckerspiegel und ist wieder sehr gut. Ich werde gesund, ich bin wieder gesund. Ich glaube daran. Ich bin überglücklich.

So wird es sein,
so ist es geworden,
so ist es.

Mit dieser Lösungsverschreibung, diesem Medikament, sollen Christas Blutzuckerwerte normalisiert werden.

Für **Anfänger** reicht diese Art der Lösungsverschreibung, um die Dantselog-Techniken zu verstehen. Damit kannst du schon kleine Probleme lösen bzw. Lösungen finden.

TIPP: Am Bestens schreibst du als Anfänger alle Lösungsverschreibung auf einen Zettel. Lerne diese auswendig, um sie immer wieder, egal wo du bist, zu wiederholen.

4.8 Persönliche Bestandsaufnahme nach der Lösungserstellungs- und Verschreibungsphase: Tagebuch der Veränderungen

Nun geht es darum, zu sehen, wie es sich anfühlt und wie du dich fühlst. Was hat sich nun **verändert** im Vergleich zu deinem Gefühl nach der Lösungssuchephase? Nun sind **Emotionen** gefragt. In deinem Tagebuch beschreibst du nun die neue Lage, deinen Zustand oder den Zustand der Beteiligten (Verhalten, Gefühle, Gedanken, Gesundheit, Reaktionen usw.).

 Wie geht es dir jetzt? Was hat sich bei oder in dir, in deiner Vorstellung, in deinen Gedanken, in deiner Psyche, in deinem Körper verändert? Was hat sich an der Sache verändert ?

4.9 Übergang von der Lösungsver-schreibungsphase zur Annahme- und Einnahmephase

Lass das Ganze nun etwas ruhen. Lenke dich ab. Wende dich etwas anderem zu. Wie schon erwähnt, ist es wichtig, nach jeder Phase eine Pause einzulegen, bevor man zur nächsten Phase übergeht.

Die Pausenbedingungen sind die gleichen wie nach der letzten Phase.

5.

Erfolgsorientierte

Lösungs-
annahme- &
Einnahme-
phase

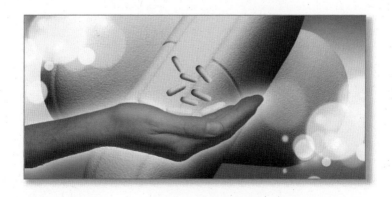

Die Lösungsannahme- und Einnahmephase ist die Phase der Akzeptanz der Lösungsverschreibung und ihre Installation bzw. Programmierung in dir. In dieser Phase geht es um die **aktive Umsetzung der Lösungsverschreibungsphase**, das ist zu vergleichen mit der Einnahme eines Medikaments.

> **Die Lösungsverschreibung ist gefunden so wie ein Arzt das richtige Medikament für einen Patienten findet. Nun wird das Medikament akzeptiert und eingenommen. Dadurch wird die Lösungsverschreibung zu einem heilsamen Medikament gemacht, das du jeden Tag einnehmen wirst und dabei beobachten kannst, wie die Veränderungen stattfinden.**
>
> **Annehmen und Einnehmen führen die Lösung des Problems herbei.**

Die Lösungsverschreibung anzunehmen und diese einzunehmen heißt zu erkennen, dass **alles gut sein wird**, wie du es dir wünschst. Annehmen ist die Voraussetzung dafür, **loszulassen**, was du mit Dantselog verändern möchtest: Krankheit, Probleme bei der Arbeit, Angst, Sorge, Trennung, Verlust, Komplexe, Lebenskrise, Stress, Depression usw.!

So verbindest du dich mit der Energie der Lösung.

5.1 Entspannungsmeditation und die richtige Atemtechnik, die heilt

Auch hier, wie in allen anderen Phasen, fängst du immer mit der empfohlenen **Entspannungsmeditation** aus Kapitel A „Entspannungsmeditation und die richtige Atemtechnik, die heilt" an. Bei **Fortgeschrittenen** wird die Meditation immer an das Thema und die Dantseloger der jeweiligen Phase angepasst oder nur an das Thema und die Dantseloger werden dann dazu passend ergänzt. Die Meditation macht dich aufnahmefähiger.

5.2 Die Formel der inneren geistigen Einstellung

Sprich die Formel der inneren geistigen Einstellung glaubhaft und überzeugend voller Freude und mit einem Lächeln, um dich am Ende der Meditation (noch im meditativen Zustand) auf das Kommende einzustimmen:

„Alles und alle um mich herum und in mir tragen dazu bei, dass ich mein Ziel erfolgreich erreiche und glücklich bin. So war es immer gewesen, so ist es immer geplant worden, auch diesmal wird es so sein, so wird es geschehen, so ist es geschehen, so sei es. Danke!"

5.3 Sitzungsleiter bestimmen

Auch hier wirst du der Sitzungsleiter sein. Deine Aufgabe ist hier einfach und klar definiert

✓ **Alte und neue Dantseloger einander vorstellen.**

✓ **Präsentation des Themas: Was ist das Ziel? Welche Entscheidung(en) sind zu treffen? Was genau soll getan werden? Wenn nötig, verwende Hilfsmittel (wie eine Tafel, Papier), die die Themen schriftlich, stichpunktartig zeigen.**

✓ **Annahme und Einnahme der Lösungsverschreibung anleiten.**

5.4 Lösungsannahme und Einnahme-Grundregeln festlegen

Die Regeln hier sind weitgehend **die gleichen**, wie im Kapitel 3.5 „Lösungssuche-Grundregeln festlegen".

Ein Tipp: Die Regeln können auf einem großen Zettel oder einem **Plakat notiert und aufgehängt** werden. Damit sind sie immer im Blick.

5.5 Wann und wo führt man das Gespräch am besten?

In dieser Phase gilt das Gleiche wie in der Diskussionsphase, siehe Kapitel 2.5.

5.6 Flexibles Zeitlimit: Wie lange dauert die Lösungserstellungs- und Verschreibungsphase?

Auch hier gilt das Gleiche wie in der Diskussionsphase, siehe Kapitel 2.6.

5.7 Die Lösungsverschreibung annehmen und einnehmen

Dies ist der **Dreh- und Angelpunkt**. Wie du die Lösungsverschreibung annimmst und diese in dir installiert, wie du das Medikament einnimmst, entscheidet über den Erfolg deiner Dantselog-Therapie.

Es ist wichtig, dass der Experte dir nun den **Wirkmechanismus der Lösungsverschreibung** noch einmal detailliert erklärt, damit du genau verstehst, warum die „Zutaten" wirksam sind.

Lösungsverschreibung annehmen

Es ist absolut notwendig, dass du an das Medikament glaubst, dass du überzeugt bist, dass es dir hilft, dass du mit der vom Experten verschriebenen Lösung einverstanden bist. Das heißt, du bist überzeugt, dass diese zum Erreichen des Ziels führen wird.

Lösungsverschreibung einnehmen

Nun sprichst du visualisierend jedes Wort, jeden Satz der Verschreibung laut aus. Du stellst dir bildlich vor, wie du diese Worte mit einem Glas Wasser runterschluckst und sie nun in deinem Körper sind. Das bedeutet letztendlich, dass du nun weißt, dass *es so ist*. Das heißt, dass der „Heilungsprozess" in vollem Gange ist.

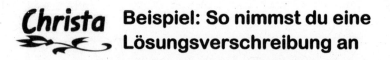

Christa Beispiel: So nimmst du eine Lösungsverschreibung an

Lösungsverschreibung annehmen

Du hast deine **Entspannungsmeditation** gemacht. Das Ende der Meditation war: „Ich bin nun völlig entspannt, ich bin nun völlig entspannt".

Du bleibst in diesem Zustand der Entspannung und du stellst dir nun **bildlich die ganze Vorgeschichte** (alle Phasen bis zu diesem Zeitpunkt) vor. Du musst dich so konzentrieren, dass du in deinem Kopf die Szenerie wirklich real erkennst und siehst. In diesem meditativen Zustand tauchen nach und nach die **Diskussionssynthese**, dann die **Lösungssynthese** in vor deinem inneren Auge auf.

Und letztlich visualisierst du, wie du vor dem **Experten** stehst (zum Beispiel einem Arzt, einem Coach usw.), der dir dann etwas verschreibt. Zuerst erklärt er dir den **Wirkmechanismus** noch einmal ganz genau:

Lebensstil ändern: Den Lebensstil zu ändern ist für Menschen, die an Diabetes erkrankt sind, sehr wichtig. Es hilft, dass der Körper sich entgiftet. Ein Leben frei von Zucker, Alkohol, Zigaretten, Medikamenten, Medienkonsum, ein Leben voller

Bewegung, guter Ernährung (vorwiegend basisch mit viel Gemüse, gutem Fett usw.), positiver psychischer Einstellung, genügend Schlaf, mit viel Zeit für sich lässt Kalorien und dadurch Gewicht sinken. Das wiederum hilft, den Zucker im Blut zu senken, macht den Körper gesünder und trägt zur gesunden Beseitigung von Diabetes bei.

✓ **Genug Wasser trinken** ist gesund. Schon morgens früh, bevor du zum Joggen gehst, tut Wasser deiner Gesundheit gut. Das Wasser aktiviert deinen Stoffwechsel, hilft dir beim Abnehmen, regelt die Körpertemperatur, ist wichtig für Gehirn, Schleimhäute, Verdauung und den Darm. Es reinigt deine Nieren und verbessert die Blutzirkulation.

✓ **Ingwer** entfaltet große Wirkung, er enthält gesunde ätherische Öle, Gingerol (Scharfstoffe), Harz und Harzsäuren, ist reich an Vitaminen C und B6, an Mineralstoffen wie Magnesium, Eisen, Kalzium, Kalium, Natrium, Phosphor usw. Er wirkt antibakteriell, heilt die Darmflora, regt die Verdauung an und bekämpft Fettmoleküle, so dass du abnimmst.

✓ **Habanero Chilischoten** enthalten viel Vitamin C, das dein Immunsystem stärkt, Infektionen, freie Radikale und somit auch Entzündungen bekämpft. Habaneros enthalten Provitamin A, das gut für Augen, Schleimhäute, Zellvitalität ist. Habaneros wirken antioxidantisch, regen die Verdauung und Durchblutung an, reinigen den Darm, bauen Fettzellen ab und du nimmst ab.

✓ **Knoblauch** kämpft gegen Bluthochdruck, wirkt gegen überschüssiges Cholesterin und Zucker, senkt den Blutzuckerspiegel, stimuliert das Immunsystem usw.

✓ **Avocados** sind Anti-Diabetes- und Anti-Cholesterin- und Appetitzügler-Lebensmittel, weil sie extrem reich an löslichen Ballaststoffen sind. Avocados ist reich an Antioxidantien und Tanninen. Sie schützen vor Herzkrankheiten und vielem mehr.

✓ **Sport**: Sport und Bewegung sind gesund besonders bei Diabetes. Sport hilft beim Abnehmen und bei der Fettreduktion. Sport hilft zusätzliche Kalorien zu verbrennen, außerdem baut es Muskeln auf, die den Grundumsatz an Energie erhöhen, selbst wenn man gar nicht aktiv ist. Somit senkt der Sport nicht nur den Blutzuckerspiegel, er verbessert auch die Insulinempfindlichkeit der Zellen. All das ist bei Typ-2-Diabetes sehr hilfreich.

Genauso könnte der Experte weiter machen mit:

✓ Gemüse...

✓ Pflanzlichem Öl...

✓ Und vielem mehr...

Die daran anschließende **Lösungsverschreibung** lautet in Christas Fall:

„Ich habe nun einen gesunden Lebensstil. Ich trinke nur noch Wasser mit Ingwer, ich nehme nur noch mehrfache Kohlenhydrate zu mir, mit viel Gemüse wie Okra oder Avocado und vielen Kräutern, insbesondere Ingwer, Knoblauch und Habanero-Chilischoten. Sie reinigen ständig meinen Darm, meine Nieren, meine Leber und meine Bauchspeicheldrüse. Ich bewege mich genug. Ich habe eine positive psychische Einstellung. Mein Körper spricht immer besser auf das Insulin an. Alles das führt dazu, dass der Zucker in meinem Blut letztendlich wieder in die Zellen gelangt. Dadurch sinkt mein Blutzuckerspiegel und ist wieder sehr gut. Ich werde gesund, ich bin wieder gesund. Ich glaube daran. Ich bin überglücklich.
So wird es sein,
so ist es geworden,
so ist es."

Jedes einzelne Wort, jeden Satz dieser Lösungsverschreibung visualisierst du intensiv. Durch die **fokussierte Visualisierung** stellst du dir die Situation in der Lösungsverschreibung vor und imitierst mental diese reale Erfahrung. Du hörst und schaust dir in Gedanken diese Verschreibung genau an. **Der Experte hat dir die Wirkung dieses Medikaments genau**

erklärt, was es in dir macht, wie es dich heilt, so wie es ein Arzt wirklich in seiner Praxis tut. Und wie beim Arzt nimmst du das Medikament an, indem du sagst:

„Ja, ich nehme es an.“

Du bist einverstanden mit der Lösung, du **bedankst dich** dafür. Du bist glücklich, weil du nun weißt, dass du etwas gegen deine Beschwerden in der Hand hast. Spüre die **Freude** hinsichtlich dieser Vorstellung, während du dir das in Gedanken ausmalst. Am Ende sage dem Experten laut **„Danke“**, wie du es auch im wahren Leben zu einem Arzt sagen würdest, zu einem Menschen, der dir gerade geholfen hat. Du sagst es voller Freude und Glücksgefühl.

Lösungsverschreibung einnehmen

Nun stellst du dir bildlich und konzentriert genau vor, wie du **das „Medikament" einnimmst**. Die Entspannungsmeditation hat dich aufnahmefähiger gemacht. Weiter in diesem tiefen Zustand der Meditation bleibend sprichst du dir wahrhaftig die magische Formel der inneren Einstellung vor:

„Alles und alle um mich herum und in mir tragen dazu bei, dass ich mein Ziel erfolgreich erreiche und glücklich bin."

Dann lässt du den Experten den **Wirkmechanismus** noch einmal **erklären**. Du konzentrierst dich auf diese Stimme und spürst den Wirkmechanismus in dir.

Danach rezitierst du die einzelnen **Schritte des Wirkmechanismus**. Dabei visualisierst du jeden einzelnen Schritt sehr konkret. Zum Beispiel:

✓ **Genug Wasser trinken ist gesund. Schon morgens früh, bevor ich zum Joggen gehe, tut Wasser meiner Gesundheit gut. Das Wasser aktiviert meinen Stoffwechsel, hilft mir beim Abnehmen, regelt die Körpertemperatur, ist wichtig für Gehirn, Schleimhäute, Verdauung und den Darm. Es reinigt meine Nieren und verbessert die Blutzirkulation.**

Dabei stellst du dir bildlich das Wasser vor, du siehst es vor deinem inneren Auge, du visualisierst alles, was dieses Wasser mit dir macht, wie der Experte es beschrieben hat.

Deine Vorstellung von diesem „Medikament" ist klar und genau. Das, was du dir im Geiste ausmalst und siehst, sollte deinen **realen Erwartungen** und der Realität so genau wie möglich entsprechen.

Jedes einzelne Wort, jeder Satz dieses Wirkmechanismus visualisierst du. Durch die fokussierte Visualisierung stellst du die Situation der Wirkungsmechanismus vor und **imitierst mental** diese reale Erfahrung.

Bei der **Visualisierungstechnik** geht es nicht nur um Bilder. Es geht auch darum, alle deine Sinne zu verwenden, um ein Bild in deinem Kopf zu (er)schaffen. Du reproduzierst sozusagen eine **geistige Realität**. Eine mentale Repräsentation ist von dem Moment an lebendiger, in dem du die verschiedenen Sinne integrierst.

Spüre die Freude hinsichtlich dieser Vorstellung, während du dir das in deinen Gedanken ausmalst.

Wenn du fertig bist mit der visualisierten Rezitation des Wirkmechanismus, **beende die Sitzung mit einem Dank** und dann kommst du aus dem meditativen (oder Konzentrations-) Zustand zurück.

TIPP: Am Bestens schreibst du als Anfänger die Einnahme der Lösungsverschreibung auf einen Zettel. Lerne diese auswendig, um sie immer wieder, egal wo du bist, zu wiederholen.

5.8 Persönliche Bestandsaufnahme nach der Lösungsannahme- und Einnahmephase: Tagebuch der Veränderungen

Wie in Kapitel 4.8 „Persönliche Bestandsaufnahme nach der Lösungserstellungs- und Verschreibungsphase: Tagebuch der Veränderung".

5.9 Übergang von der Lösungsannahme- und Einnahmephase zur Realisierungs- und Wirkungsphase

Lass das Ganze nun etwas ruhen. Lenke dich ab. Wende dich etwas anderem zu. Wie schon erwähnt, ist es wichtig, nach jeder Phase eine Pause einzulegen, bevor man zur nächsten Phase übergeht.

Die Pausenbedingungen sind die gleichen wie nach der letzten Phase.

6.

Erfolgsorientierte

Realisie-
rungs- &
Wirkungs-
phase

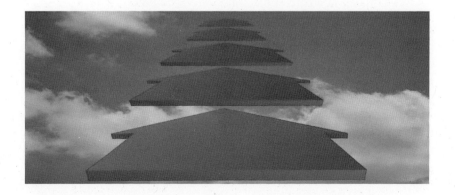

Damit die Verschreibungsannahme und Einnahme ihre segensreiche Wirkung entfalten kann, muss die darin befindliche „**Wirksubstanz**" zuerst einmal **freigesetzt** werden, wie bei einem echten Medikament. In dieser Phase werden die Dantseloger aufgefordert, das Endergebnis herbeizuführen. Hier bekommen die Dantseloger die **unwiderrufliche Order** zur Verwirklichung und ihnen wird befohlen, diese Order auszuführen.

Von dem Moment an, in dem das „Medikament" (oder die Lösungsverschreibung) über deinen „Mund" in dich hineingelangt (erfolgreiche Lösungsannahme und Einnahme), beginnt ein Prozess, der in der Sprache der Dantselogie **Realisierungs- und Wirkungsprozess** genannt wird. Jetzt wird das „spezielle Medikament" (die Lösungsverschreibung) im Körper bzw. in der betreffenden Situation freigesetzt.

 Bei Christa geht es zum Beispiel darum, ihre Blutzuckerwerte zu senken. Die Konzentration des Zuckers im Blut lässt sich in zwei verschiedenen Einheiten angeben: Millimol pro Liter: **mmol/l** und Milligramm pro Deziliter: **mg/dl***

So sehen normalerweise die **Blutzuckerwerte** eines gesunden und eines an Diabetes erkrankten Menschen aus:

Erwachsener Nüchtern	Kein Diabetes	Verdacht	Diabetes
mg/dl	<100	100-126	>126
mmol/l	<5,6	5,6-7	>7

* Die Angabe mg/dl bezieht sich auf das Gewicht der gelösten Zuckerteilchen pro Volumen und mmol/l die Anzahl der Teilchen, also die Stoffmenge, pro Volumen.

Die **Blutzuckerwerte von Christa**, die an Diabetes leidet

mg/dl	150
mmol/l	11

Es geht nun darum, Christa durch gezielte klare und deutliche **Instruktionen der Dantseloger** in Befehlsform, die aus dem Wirkungsmechanismus abgeleitet wurden, dazu zu bringen die **Zuckerwerte auf 100 mg/dl und 5,6 mmol/l zu senken**, ohne dafür ein herkömmliches Medikament einzunehmen. Es wäre auch möglich mit Dantselog eine ärztliche Therapie und herkömmliche Medikamente zu unterstützen. Du musst deine **ärztliche Therapie nicht beenden**, wenn du Dantselog anwenden möchtest. Ganz im Gegenteil, mit Dantselog boostest du noch den Erfolg einer schulmedizinischen Therapie.

6.1 Entspannungsmeditation und die richtige Atemtechnik, die heilt

Auch hier, wie in allen anderen Phasen, fängst du immer mit der empfohlenen **Entspannungsmeditation** aus Kapitel A „Entspannungsmeditation und die richtige Atemtechnik, die heilt" an. Bei **Fortgeschrittenen** wird die Meditation immer an das Thema und die Dantseloger der jeweiligen Phase angepasst oder nur an das Thema und die Dantseloger werden dann dazu passend ergänzt. Die Meditation macht dich aufnahmefähiger.

6.2 Die Formel der inneren geistigen Einstellung

Sprich die Formel der inneren geistigen Einstellung glaubhaft und überzeugend voller Freude und mit einem Lächeln, um dich am Ende der Meditation (noch im meditativen Zustand) auf das Kommende einzustimmen:

„Alles und alle um mich herum und in mir tragen dazu bei, dass ich mein Ziel erfolgreich erreiche und glücklich bin. So war es immer gewesen, so ist es immer geplant worden, auch diesmal wird es so sein, so wird es geschehen, so ist es geschehen, so sei es. Danke!"

6.3 Sitzungsleiter bestimmen

Auch hier bist du der Sitzungsleiter. Deine Aufgabe ist hier einfach und klar definiert:

✓ Alte und neue Dantseloger vorstellen.

✓ Präsentation des Themas: Was ist das Ziel des Themas? Welche Entscheidung(en) sind zu treffen? Was genau soll gemacht werden? Wenn nötig verwende Hilfsmittel (wie eine Tafel, Papier), die die Themen schriftlich, stichpunktartig zeigen.

✓ Erteilung der Instruktionen und Befehle.

✓ Leiten der Sitzung.

✓ Und mehr: Gib dem Sitzungsleiter die Aufgaben, die du willst.

6.4 Wann und wo führt man das Gespräch am besten?

In dieser Phase gilt das Gleiche wie in der Diskussionsphase, siehe Kapitel 2.5.

6.5 Flexibles Zeitlimit: Wie lange dauert die Realisierungs- und Wirkungsphase?

Auch hier gilt das Gleiche wie in der Diskussionsphase, siehe Kapitel 2.6.

6.6 Neue Dantseloger zur Zielerreichung definieren

 Neue Dantseloger, die nun zu der gesuchten Lösung – im Fall von Christas Diabetes: die **Blutzuckerwerte auf unter 100 mg/dl** und 5,6 mmol/l zu senken – führen müssen, werden hier definiert bzw. gesellen sich den zu anderen Dantselogern.

In der Lösungsannahme- und Einnahmephase in Kapitel 5 hat Christas Experte schon eine ausführliche Skizze des **Wirkungsmechanismus** erstellt, die du in Kapitel 5.7 „Die

Lösungsverschreibung annehmen und einnehmen" nachlesen kannst. Hier ist die **Kurzzusammenfassung**:

✓ **Lebensstil ändern**

✓ **Genug Wasser trinken**

✓ **Ingwer, Habanero Chilischoten, Knoblauch, Avocados in die Ernährung integrieren**

✓ **Sport**

Du wiederholst jetzt das Annehmen und Einnehmen der Lösungsverschreibung noch einmal. Und definierst **aus dem Wirkungsmechanismus die neuen Dantseloger**, die zur Zielerreichung bzw. Zielrealisierung führen werden. Für Christa wären das:

Sie selbst, Diabetes, Lebensstil, gesund, Gesunder neuer Lebensstil, Sport, gesunde Ernährung, basische und bittere Lebensmittel (wie Yams, Kochbanane, Quinoa), Wasser trinken, Ingwer, Habaneros, Knoblauch, Okra, Kräuter, Früchte, Nüsse, positive psychische Einstellung, Blutzuckerwerte mg/dl <100 und mmol/l <5,6, Blut, Insulin, Zellen, Darm, Nieren, Zucker, Fett, schlank usw.

*** Es ist wichtig sich selbst immer als Dantseloger zu definieren.

***Als Fortgeschrittener wirst du immer weniger Dantseloger brauchen, um dein Ziel zu erreichen.

Der erstellte Wirkungsmechanismus ist nun die Rolle, die die neue Dantseloger spielen.

Mit diesen neuen Dantselogern geht der Dantselog nun in einer entscheidenden Phase weiter: Die **Realisierungsphase**. In der fortgeschrittenen Version werde ich ganz detailliert erklären, welche verschiedenen Schritte dafür gemacht werden. Hier in der Anfängerversion, wo du zuerst die Grundbasis der Dantselogie lernst, reicht eine **kurze Zusammenfassung** aus:

Mit den neuen Dantseloger führst du jetzt aktive Gespräche, um ihre Wirkung in dir zu implementieren, damit die Lösungsverschreibung sich „freisetzt" und sie tatsächlich wirkt. Du redest in einer Art gehorchendem Befehlen mit den Dantselogern und beschwörst ihre Wirkung, um das Ziel zu erreichen. Diese Dantseloger werden somit aufgefordert nun das Ergebnis herbeizuführen.

6.7 Realisierungs- und Wirkungsphase-Grundregeln

In der Realisierungs- und Wirkungsphase gelten die gleichen Regeln wie bei der Lösungssuche (siehe Kapitel 3.5 „Lösungssuche-Grundregeln"). Diese Regeln kennst du schon. Aber diese **ergänzenden Regeln** sind nun besonders wichtig:

✓ **Die Instruktionen im Dantselog sind Handlungsweisungen, die unbedingt und ohne Widerspruch akzeptiert werden. Hier wird nicht mehr diskutiert, verhandelt oder irgendetwas in der Art. Die Phasen dafür sind vorbei.**

✓ **Alle Dantseloger, außer dem Sitzungsleiter, sind gleichgestellt, jeder in seiner Funktion und somit sind die Instruktionen keine Anweisungen von oben, sondern Handlungsweisungen vom jeweiligen Dantseloger, der in seinem Bereich Experte ist. Es geht hier um eine kollegiale Instruktionsmentalität, bei der jeder in dem, was er ist, Fachmann ist und nicht um eine belehrende Handlungsaufforderung.**

✓ **Weitere Regeln findest du im folgenden Abschnitt.**

Ein Tipp: Die Regeln können auf einem großen Zettel oder einem **Plakat notiert und aufgehängt** werden. Damit sind sie immer im Blick.

6.8 Instruktionen erteilen, Instruktionen akzeptieren, gemeinsame Beschwörung

> **Befehle zur Freisetzung der Wirkung der Lösungsverschreibung**

Instruktionen erteilen in Form von Befehlen hier ist sehr wichtig. Es zeigt **Kompromisslosigkeit, Selbstsicherheit, Selbstbestimmtheit, keine Zweifel** und es ist wichtig, dass du erwartest, dass das Erbetene bzw. Verlangte geschieht – ohne Wenn und Aber. So eine klare Ansprache nach den emotionalen Diskussionen hat eine große Chance ausgeführt bzw. umgesetzt zu werden. Das Instruieren der Dantseloger in Befehlsform ist sehr wichtig, damit **keine Zweifel am Realisierungsprozess** aufkommen.

Warum die Instruktionen in Form von Befehl wirksam ist liest du in Band 1 in Kapitel 2.13.13 „Die Kraft der Gedanken 2: Die mentale Bestellung in Form von Befehlen".

Das Befehlen und die Beschwörung der neuen Dantseloger in Bezug auf das Endergebnis, dienen dazu, nun das Ziel, das Endergebnis zu erreichen. Die Instruktionen in Dantselog sind **Handlungs- und Ausführungsanweisungen** unter gleichwertigen „Fachleuten", die unbedingt und ohne Widerspruch akzeptiert werden. Die Instruktionen empfangenden Dantseloger müssen damit in die Lage versetzen werden, die gewünschte Handlung in der angestrebten Art und Weise vollziehen zu können, denn die Dantseloger sind nun aufgefordert das Ergebnis herbeizuführen.

 In Christas Fall bekommen die Dantseloger dieser Phase die unwiderrufliche Order – die Instruktionen – die Blutzuckerwerte zu senken und ihnen wird befohlen diese Order auszuführen.

So wird das Instruktionsgespräch mit und zwischen den neuen Dantselogern durchgeführt

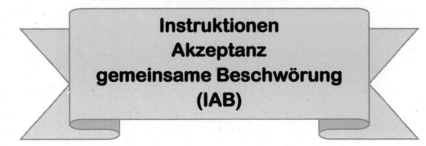

**Instruktionen
Akzeptanz
gemeinsame Beschwörung
(IAB)**

Als einer der Dantseloger erteilst du den anderen Dantselogern Instruktionen und bekommst von ihnen (Gegen-) Instruktionen. Das bedeutet, dass die **Instruktionen** werden (können) **gegenseitig erstellt** (werden) und auch die Akzeptanz besteht somit auf allen Seiten. Ganz allgemein kann man sagen, dass die Akzeptanz schon eine Gegen-Instruktion ist, die vom ersten Instrukteur wiederum akzeptiert werden muss. Somit bestätigen die beiden Dantseloger ihre **gegenseitige Gehorsamkeit**.

In Christas Fall nehme ich als **Beispiel-Dantseloger** den *SPORT*. Diesem Beispiel folgend werden nach und nach allen Dantseloger in der gleichen Vorgehensweise Instruktionen erteilt und diese auch akzeptiert. Das bedeutet, dass es im folgenden erklärenden Beispiel zwei Dantseloger gibt: *Du* und *Sport* bzw. *Christa* und *Sport*. Sei deswegen nicht verwirrt, wenn ich mal *Du*, mal *Christa* benutze, je nach Situation, wie du es als Leser am einfachsten verstehst. *Christa* und *Du* ist der gleiche Dantseloger.

So fängst du an:

Du bist in deinem visualisierenden, meditativen Zustand.

**1. Visualisierung
der Dantseloger**

Du siehst in deiner Vorstellungswelt alle Dantseloger ganz real: du siehst und erkennst nach und nach zum Beispiel *Wasser, Ingwer, Sport, Joggen, Lebensstil, Blutzuckerwerte* usw.

Sie müssen deutlich in deinem Kopf erkennbar sein!

**2. Aufgabe und
Wirkungssatz**

Du visualisierst fokussiert die Aufgabe und die Wirkung der Dantseloger, die dabei helfen sollen das gesetzte Ziel zu erreichen. Zum Beispiel wäre bei Christa der **Wirkungssatz des Dantselogers *Sport*,** zusammengefasst aus dem Wirkungsmechanismus, folgender:

„Abnehmen und Gewichtverlust boosten, Kalorien- und Fettreduktion beschleunigen, so bekämpft Sport die Insulinresistenz."

Erklärung: Fett im Körper ist genauso gefährlich wie Zucker, denn Fett im Blut fördert Insulinresistenz und lässt dadurch den Zucker im Blut bleiben. Folge: Hoher Blutzuckerspiegel. Deswegen hilft der Sport Diabetes zu bekämpfen.

3. Instruktionserteilung: Christa erteilt Instruktion (I)

Nun gibst du (oder ein anderer Dantseloger) als Instrukteur die unwiderrufliche Instruktion an den ausführenden Dantseloger. Aus dem Wirkungssatz entsteht die Instruktion. Zum Beispiel könnte Folgendes in Christas Fall eine **Instruktion in Befehlsform an den Dantseloger** *Sport* sein, gesprochen von Dantseloger *Christa*:

„Du, *Sport*, ich treibe dich und du trägst unwiderruflich dazu bei, dass ich in 4 Wochen 4 Kilo Fett reduziert habe."

Oder

„Du, *Sport*, du bringst mich dazu, in 4 Woche 4 Kilo Fett zu verlieren."

4. Instruktion wird vom Instruktionsempfänger akzeptiert: Akzeptanz (A)

Fordere die Aufmerksamkeit der Dantseloger: Du lässt jeden Dantseloger über sich selbst reden und erklären, was er zu tun hat, wie er die instruierten Befehle ausführt. Somit wird die **Fokussierung und Konzentration auf das ENDERGBENIS** stärker. Danach geben sie ihr Versprechen bzw. ihre Einwilligung ab, das zu tun, was von ihnen erwartet wird. Das ist **die Akzeptanz der Instruktion** (des Befehls) durch sie.

Zum Beispiel **akzeptiert der Dantseloger *Sport* die Instruktion,** die Dantseloger *Christa* ihm gegeben hat und bestätigt sie mit eigenen Worten:

„Ja, 3 Mal die Woche, immer am frühen Morgen, bist du, *Christa*, für jeweils 30 Minuten allein mit mir beschäftigt. Du treibst mich mit Freude, du siehst Tag für Tag, wie ich dir helfe, wie ich dazu beitrage, dass die Pfunde purzeln. Dadurch verlierst du in 4 Wochen 4 Kilo Fett, *Christa*. Ich trage dazu bei, dass deine Blutzuckerwerte wieder gut sind."

5. Der Instrukteur akzeptiert die Akzeptanz des Instruktionsempfängers

Du hast (bzw. *Christa* hat) eine Instruktion erteilt. Der Empfänger hat sie bestätigt und akzeptiert. Nun akzeptierst du (bzw. akzeptiert *Christa*) wiederum die Akzeptanz des Dantselogers (hier *Sport*). Das führt zu **gegenseitiger Gehorsamkeit**.

So könnte *Christa* **die Akzeptanz des Dantselogers** *Sport* **akzeptieren**:

> „Ja Sport, ich treibe dich mit Freude und akzeptiere, dass du mir zum Abnehmen verhilfst und so dazu beiträgst, dass meine Blutwerte besser werden."

Nach jeder Akzeptanz wird dem jeweiligen Dantseloger **gedankt** und mit einem freudigen **Lob** belohnt.

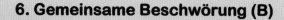

6. Gemeinsame Beschwörung (B)

Nachdem du mit allen Dantselogern die vorherigen Schritte durchlaufen hast, kommt es zu einem gemeinsam gefassten **Beschwören des Erfolgs**. Alle Dantseloger beschwören zusammen, durch gemeinsames, **betontes Ausrufen ohne Zweifel**, den Erfolg des gemeinsamen Wegs und Ziels.

Dafür kommen alle Dantseloger zusammen und bekräftigen ihre Zustimmung für die gesamte Aufgabe. Du siehst diesen gesamten Ablauf **in deinem Kopfkino,** in deiner Vorstellung – wie sie zum Beispiel alle an einem Tisch sitzen und du hörst, wie sie zum Beispiel im Fall Christa gemeinsam sagen:

> „Wir konkurrieren darum, deine Blutzuckerwerte auf <100 mg/dl und <5,6 mmol/l zu reduzieren.
> Sie sind nun reduziert und sind auf <100 mg/dl und <5,6 mmol/l."

7. Dank, Lob und Belohnung

Nachdem **IAB** durchgeführt wurde, ist es wichtig, dass du als Sitzungsleiter allen Dantselogern dankst und sie mit einem freudigen Lob belohnst. Auch die Dantseloger **bedanken und loben** sich gegenseitig für ihren Einsatz und ihre Kooperation.

Danach bleibst du weiter in der Meditation und machst eine kurze Pause mit **7 Atemübungen**: Ein- und Ausatmen, wobei du immer tief einatmest und langsam schubweise ausatmest. Danach **wiederholst** du in deinem meditativen Zustand jeweils die **Schritte des IAB** (Instruktion, Akzeptanz und gemeinsame Beschwörung) **7-mal hintereinander**. Das bedeutet der Ablauf sieht folgendermaßen aus:

1. **Du bist im meditativen Zustand**
2. **Du machst das ganze IAB**
3. *Du machst 7 Atemübungen*
4. **Du machst 7-mal den Wirkungssatz**
5. *Du machst 7 Atemübungen*
6. **Du macht 7-mal die Instruktion**
7. *Du machst 7 Atemübungen*
8. **Du machst 7-mal die Akzeptanz**
9. *Du machst 7 Atemübungen*
10. **Du machst 7-mal die Gegenakzeptanz**
11. *Du machst 7 Atemübungen*
12. **Du machst 7-mal die Beschwörung**
13. *Du machst 7Atemübungen*
14. **Du dankst und lobst 7-mal**
15. *Du machst 7 Atemübungen*
16. **Du wachst langsam aus deinem meditativen Zustand auf**

Nun hast du das Wirkprogramm in dir, du musst es nur noch aktivieren.

Wie du heilsam und gut atmest liest du in Kapitel A 1 „Richtig atmen nach der DantseLogik".

PS: Wenn **Fortgeschrittene** meditieren, müssen sie nicht unbedingt irgendwo liegen, die Augen schließen oder ähnliches. Sie sind schon in einer Meditation, sobald sie anfangen, sich intensiv und exklusiv mit diesem Prozess zu beschäftigen.

Gut zu wissen und SEHR WICHTIG

✓ Die Formulierungen der IAB sind frei zu wählen. Ich gebe dir hier nur Beispiele. Formuliere die Instruktionen an die Dantseloger und die Akzeptanz dieser Instruktionen so einfach wie möglich, mit Worten, die zu dir passen und für dich leicht zu merken sind.

✓ Bei der Erteilung der Instruktionen, dem Geben der Akzeptanz und der gemeinsamen Beschwörung (IAB), musst du ganz präzise und deutlich dieses Kino im Kopf sehen. Deine Vorstellung über das, was gesagt wird, muss in deinem Kopf materialisiert werden, es muss darin wie eine Tatsache sein. Du musst *sehen*, wie sie etwas tun, *hören*, was gesagt wird und es in dir *spüren*, als ob es schon passiert wäre, bzw. als ob es dir gerade passiert. Wenn zum Beispiel der Dantseloger *Sport* sagt: „...dreimal joggen", musst diese drei Mal als Realität in deinem Kopf ablaufen lassen. Du siehst dich diese drei Mal joggen. Du siehst drei Tage, an denen du joggst, du siehst das Joggen an sich usw. Das ist das, was ich meine mit „die Vorstellung im Kopf fiktiv materialisieren." Das ist sehr wichtig!

✓ Die Formulierungen müssen positiv und ohne Widerspruch sein.

✓ Dantseloger können sich gegenseitig Instruktionen geben und diese auch akzeptieren, ohne dass die Hauptperson involviert ist. Zum Beispiel, um den Prozess größerer Erfolgschancen zu ermöglichen. Je feiner und gezielter die Instruktionen sind, desto besser für das Erreichen des Ziels. Zum Beispiel könnte dies eine Instruktion des Dantselogers *Sport* an den Dantseloger *Fett* sein:

> „Du, *Fett,* jeden Tag verbrenne ich dich!"

Oder vom Dantseloger *Fett* an *Sport*:

> „Du, *Sport,* ich will spüren, wie du mich weniger machst. Sei intensiver, so verliere ich schneller und mehr Gewicht."

✓ Schärfe die Visualisierung noch stärker. Du spürst diese Instruktionen förmlich in dir. Es ist in diesem Moment, als ob du wirklich spürst bzw. fühlst wie sie miteinander reden. Ich spüre immer so Kribbeln im Körper, ich spüre das *Fett* oder den *Sport* wirklich in Aktion!

Ein weiteres Beispiel zur Erstellung von Instruktionen, Akzeptanz und Beschwörung: Die Dantseloger *Christa* und *Lebensstil*

Zur Erinnerung: Schon in den früheren Phasen wurde festgelegt, wie der neue Lebensstil aussieht: Null Alkohol, keine Zigaretten, keine Party bis 5 Uhr und radikaler Verzicht auf alle schlechten Lebens- und Nahrungsmittel wie raffinierte, isolierte Zucker (Haushaltszucker oder Süßwaren ebenso wie Zuckersirup), einfache/schnelle (kurzkettige) Kohlenhydrate (Nudeln, Pizza, Weißbrot, Fertiggerichte, Kuchen, Eiscreme usw.) Sie baut beruflichen Stress ab, macht weniger Überstunden und lehnt die Mehrarbeit konsequent ab. Zu Hause macht sie nichts mehr für die Firma. Feierabend ist Feierabend. Sie baut Medien-Stress ab, d.h. weniger Facebook, Instagram und Co., ab 21 Uhr macht sie ihr Handy bis zum nächsten Tag aus, außerdem reduziert sie konsequent und stark die tägliche Zeit am Handy usw.

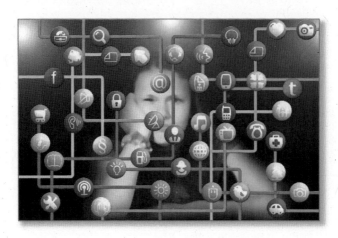

So könnten Instruktion und Akzeptanz aussehen:

INSTRUKTION

Christa sagt:

„Du, *Lebensstil*, du lässt dich zum Gesunden ändern und du machst mich so gesünder: Mehr Sport, gesunde Ernährung und gesunde Getränke, fröhliche Stimmung, glücklich sein. So hilfst du mir; meine Blutzuckerwerte zu verbessern."

Die Akzeptanz des Dantseloger *Lebensstil* in Christas Selbstgespräch könnte lauten:

AKZEPTANZ

Lebensstil sagt:

„Dantseloger *Christa*, ich akzeptiere, mich so zu ändern, wie du es mir instruiert hast, damit deine Blutzuckerwerte besser werden. Es gibt nun mehr Sport, du isst ab jetzt nur noch gesund, du hast Spaß am Leben und du bist glücklich."

AKZEPTANZ DER AKZEPTANZ

Christa sagt:

> *„Lebensstil*, ich freue mich, dass du bereit bist mir zu helfen. Ja, ich werde mehr Sport machen, gesund essen und Spaß am Leben haben!"

GEMEINSAME BESCHWÖRUNG

Sie bleibt in diesem Beispielfall von Christa und ihrem Diabetes immer gleich, so wie im Abschnitt mit dem Dantseloger Sport aufgeführt.

Die am Anfang erstellten Formulierungen der Instruktionen, Akzeptanzen und gemeinsa-men Beschwörung musst du

UNBEDINGT WORTWÖRTLICH BEIBEHALTEN und nur diese immer wieder bis zum Erfolg wiederholen.

ES IST STRIKT UND STRENG VERBOTEN, DIE FORMULIERUNG STÄNDIG ZU ÄNDERN, OHNE EINEN WIRKLICH WICHTIGEN GRUND.

Unter welchen Bedingungen kann man die Formulierungen ändern?

Wenn nach Wochen oder Monaten kein positives Ergebnis oder keine positive Entwicklung zu verzeichnen ist, dann ist es ratsam, den Prozess von Anfang an zu revidieren und ganz neu anzufangen. Das bedeutet, dass du nicht nur die Instruktionen und Befehle ändern wirst, sondern du fängst wieder ab der ersten Phase an. Nur die Instruktionen zu ändern, weil das gewünschte Ergebnis nicht eintritt, ist nicht machbar.

TIPP: Am besten schreibst du als Anfäng-er alle Instruktionen und ihre Akzeptanz auf einen Zettel. Lerne diese auswendig, um sie, egal, wo du bist, immer wieder-holen zu können, genauso, wie du sie in der Meditation formuliert hast. Noch einmal – und das ist fundamental wichtig für den Erfolg deines Dantselogs: die inhaltliche und wört-liche Formulierung darfst du nicht mehr ändern, nachdem du sie in dir implementiert hast!

Nun lässt du in voller Gelassen-heit die Dantseloger machen. Die Realisierung ist im Gang und der Prozess Richtung Ziel läuft schon auf Hochtouren.

6.9 Persönliche Bestandsaufnahme nach der Realisierungs- & Wirkungsphase: Tagebuch der Veränderungen

Wie in Kapitel 4.8 „Persönliche Bestandsaufnahme nach der Lösungserstellungs- und Verschreibungsphase: Tagebuch der Veränderung".

6.10 Übergang von der Realisierungs- & Wirkungsphase zur Ergebnisphase

Lass das Ganze nun etwas ruhen. Lenke dich ab. Wende dich etwas anderem zu. Wie schon erwähnt, ist es wichtig, nach jeder Phase eine Pause einzulegen, bevor man zur nächsten Phase übergeht.

Die Pausenbedingungen sind die gleichen wie nach der letzten Phase.

7.
Ergebnis- &
„So-sei-es"-
Phase

> ## Die „So-sei-es"-Phase:
> ### Wissen, dass dir schon geholfen wurde, dass du dein Ziel schon erreicht hast.

7.1 Was ist die „So-sei-es"-Phase?

Dies ist die **Manifestierungsphase**, hier passiert bzw. hier ist das passiert, wofür du deinen Dantselog gemacht hast. Hier erreichst du das Ziel oder siehst dein Ziel sich offenbaren.

> **„Alles und alle um mich herum und in mir tragen dazu bei, dass ich mein Ziel erfolgreich erreiche und glücklich bin. So war es immer gewesen, so ist es immer geplant worden, auch diesmal wird es so sein, so wird es geschehen, so ist es geschehen, so sei es. Danke!"**

Diese Einstellung begleitet dich intensiv während der ganzen Ergebnisphase. Wann immer Zweifel aufkommen, zitiere einfach nur diesen Satz. Wenn etwas anders läuft, als erwartet, bleib ruhig und **vertraue dem Satz**!

Die Ergebnisphase ist die Phase vom Beginn des Wartens auf den Eintritt des Ergebnisses bis zum Ergebnis selbst. Sie passiert mit einer **totalen Gelassenheit im Loslassen-Modus**. Wenn man sicher ist, ist man entspannt und gelassen. Verkrampfung bedeutet, dass man nicht sicher ist, dass man zweifelt. Aber allein der Name dieser Phase ist Programm: die **„So-sei-es"- Phase**.

 Das bedeutet zum **Beispiel** für Christa, die Frau mit Diabetes, dass sie in dieser Phase ausschließlich sieht, wie ihre Blutzuckerwerte nun bei <100 mg/dl und <5,6 mmol/l liegen. Es ist für sie keine Frage mehr, ob es so kommen wird, sondern sie **weiß, dass es so ist**. Sie visualisiert in allen Umsetzungen der Übungen nur noch diese Blutwerte-Zahl. Diese Darstellung soll so „real" und „lebendig", wie möglich sein. Wie Christa es tut, stelle dir das Zielobjekt so vor, als wäre es wirklich vor dir. Du stellst dir alle Dantseloger und ihre Rollen und die Ergebnisse, die sie hervorrufen müssen vor, als wären sie direkt vor deinen Augen.

Das Gesetz der Erfüllung

„Tu jeden Tag so, als ob das Wunder eingetreten ist und das Wunder könnte passieren."

Dieses Gesetz der Erfüllung steckt auch in dem Satz:

„Malst du den Teufel an die Wand, wirst du den Teufel sehen."

Das bedeutet, wenn du etwas intensiv und mit starken Emotionen als wahr in der Gegenwart visualisierst, besteht die große Chance, dass es auch so kommt. In der „So-sei-es"-Phase bist du und sind alle Dantseloger völlig in der Gefühlslage, dass **das gewünschte Endergebnis schon gelebt wird**.

Hier geht es um die **Gewissheit, dass das Ziel erreicht ist**. Was befohlen, akzeptiert und beschworen wurde, geschieht bzw. ist geschehen. Durch ständige Evaluierung und möglicherweise eine Anpassung der Dosis wird das Erreichen des erwarteten Ziels herbeigeführt. **Du bist sicher und überzeugt**, dass du erfolgreich dein Ziel erreich hast (und nicht nur erreichen wirst).

Die Ergebnis-Bestellung manifestiert sich durch deinen Glauben, dein Vertrauen, deine fehlenden Zweifel und die Tatsache, dass du das **Problem losgelassen und vergessen** hast, sodass du **nur noch die Lösung siehst**. Das Loslassen und Vergessen des Problems hat den Vorteil, dass man nicht mehr daran denkt zu zweifeln und sich Sorgen zu machen, Verhaltensweisen die den Energiefluss blockieren.

In deinem Kopf ist die Sache schon so passiert, wie du sie dir gewünscht hast. Tu jeden Tag so, als ob das Wunder eingetreten ist. Verhalte dich genauso. **Sei glücklich darüber und dankbar dafür**. Dein Glaube daran ist fest und du verhältst dich ab jetzt so, als ob das Wunder, die Lösung oder das Ziel schon passiert ist. Du lässt dich überhaupt nicht mehr beeinflussen von Dingen, die dich ablenken oder zum Zweifeln bringen. Auch Schwankungen bzw. Tage, an denen die Dinge nicht so laufen, wie sie sollten, lassen dich ruhig, indem du in diesem Moment den Satz sagst:

> **„Das gehört dazu.
> Alles wird gut,
> alles ist gut."**

Und das magische Gesetz sprichst:

„Alles und alle um mich herum und in mir tragen dazu bei, dass ich mein Ziel erfolgreich erreiche und glücklich bin. So war es immer gewesen, so ist es immer geplant worden, auch diesmal wird es so sein, so wird es geschehen, so ist es geschehen, so sei es. Danke!"

Christa

Bei **Christa** mit ihrem Diabetes kann es passieren, dass es Tage gibt, an denen die Blutzuckerwerte ein bisschen erhöht sind. Dennoch bleibt Christa locker, denn das ist natürlich, so sind wir Menschen. **Es gibt gute Tage und es gibt weniger gute, aber am Ende geht es uns immer gut.** Das ist ein Prinzip und Gesetz der Natur. So ist es auch mit den Blutzuckerwerten, die hier ein Dantseloger sind. Das bedeutet nach der Dantselogie-Theorie, dass sie eine eigenständige Identität sind.

Gut zu wissen:
Nur so kann die Visualisierung des Erfolgs tatsächlich Erfolg bringen

Die Technik der Visualisierung des Zieles besteht nicht nur darin, sich mit Bildern im Kopf vorstellen zu können, dass alles so wird. Vielmehr geht es darum, **mit allen Sinnen ein Bild** in seinem Kopf zu erschaffen. Man reproduziert sozusagen eine geistige Realität. Eine mentale Repräsentation ist von dem Moment an lebendiger, wenn du die verschiedenen Sinne integrierst, die **Wahrnehmung aller Körperinformationen**. In dieser „So-sei-es"-Phase ist diese Integration schon erledigt, weil man ab **Phase 1 bis Phase 6 diese harte Arbeit geleistet** hat und alle möglichen Sinne und Körperinformationen, alle möglichen internen Ressourcen in den Prozess der Lösungsfindung integriert hat. Nur das garantiert bzw. erhöht die Chance, dass das visualisierte Ergebnis tatsächlich geschieht. Viele Menschen konzentrieren sich oft nur auf die Visualisierung des Ziels, ohne dabei das Wissen der Phasen 1 bis 6 umzusetzen. Das ist der Grund, warum die große Mehrheit der Menschen ihr Ziel niemals erreicht. Ihre Visualisierung ist einfach nicht lebendig. Ohne Leben keine Energie, ohne Energie kein Leben, keine Bewegung.

Ein „So sei es" bedeutet, die lebendige Realität im Kopf zu kreieren.

Fixiere nur noch auf das Endergebnis: Glaube zu 100%, dass es so ist

Bei jeder Repetition der Instruktionen, der Akzeptanz und der gemeinsamen Beschwörung wird das ganze Gehirn nur noch auf das Endergebnis fixiert. Die Repetition ist die tägliche Umsetzung der IAB. „Tu jeden Tag so, als ob das Wunder bereits eingetreten ist."

Wiederhole diesen Vorgang mit dem festen Glauben und mit der unwiderruflichen Gewissheit, dass das Ziel schon erreicht ist. Hier stellst du dir die gewünschten Ergebnisse genau vor, die auch tatsächlich eingetreten sind. Alle Dantseloger reden ständig und wiederholt miteinander und betonen in der Gegenwart, dass sie ihre Rolle erfüllt haben.

Begriffe oder Sätze, die Energie und Erfolg blockieren werden kategorisch vermieden:

Für die religiöse Menschen, wäre hier der Moment, in dem sie nicht mehr beten, dass ihnen etwas gewährt wird, sondern in dem sie sich beim Gott bedanken, dass es so geworden ist, dass es so ist. So dankst du jetzt auch den Dantselogern.

✓ Ich bin überglücklich, ich bin geheilt, ich danke euch (die Dantseloger mit Namen nennen) allen für diesen Erfolg und so sei es.

✓ Ich bin sehr froh, mein Chef sagt ja und so ist es, ich danke dir, Herr Schröder (der Chef), dafür und danke euch für eure Unterstützung und so sei es.

✓ Ich bin zufrieden, ich bekomme eine Gehaltserhöhung, ich bedanke mich bei meinem Chef dafür, so sei es.

✓ Ich bin glücklich, wir haben uns versöhnt, sie ist zurückgekommen. Ich danke dir, Laura, so sei es.

> **ES BESTEHT NUN KEINE NOTWENDIGKEIT MEHR, AUF DAS PROBLEM EINZUGEHEN. IN DIESER PHASE HAST DU DAS PROBLEM TOTAL LOSGELASSEN. OHNE LOSLASSEN KEINE VERWIRKLICHUNG!**

Kurzzusammenfassung:
Die „So-sei-es"-Phase

In der „So-sei-es"-Phase wiederholen die Dantseloger die IAB ständig in Gesprächen mit sich selbst, untereinander und miteinander. Immer wieder repetieren sie, erinnern sich daran und bedanken sich, dass es so geworden ist, dass es so ist. Die „So-sei-es"-Phase, die Ergebnisphase, ist das alltägliche Ausleben der IAB, bis das Ziel erreicht ist.

7.2 So läuft die „So-sei-es"-Phase ab

Anders als bei anderen Phasen ist die Ergebnisphase sehr **schlicht** mit wenigen Zwischenschritten. Hier werden die IAB praktisch umgesetzt und ständig wiederholt. Die Stärke liegt in der **disziplinierten Wiederholung**.

7.2.1 Gebet-Meditation und Formel der inneren geistigen Einstellung

Je nach Problem muss du mindestens **3 Mal am Tag meditieren**. Morgens früh zwischen 5 und 6 Uhr, gegen 13-14 Uhr und abends vor dem Zubettgehen zwischen 22 und 24 Uhr. Das sind die Hauptmeditationszeiten.

Du kannst, wenn du willst und wenn du Zeit hast, auch öfter als 3 Mal tief meditieren, aber **nicht mehr als 5 Mal**. Mehr als 5 Mal wirkt dann als würdest du es forcieren, zwingen und das **blockiert die Energie**. Der Körper braucht Zeit, um zu verarbeiten, was man in der Meditation gemacht hat. Zu viel in sehr kurzen Abständen bringt das Gegenteil dessen, was man mit der Meditation erreichen wollte. **Meditation soll nie zum Stress werden.**

 Für mich ist Meditation hier nur ein anderes Wort für Gebet. Jeder nimmt sich den Begriff, der besser zu ihm passt.

 In Christas Fall, die an einer Krankheit leidet, die lange Zeit bedarf, ist dieses Ritual **3-mal am Tag dringend empfohlen**.

Bei manchen **spontaneren Situationen**, die schnellerer Antwort bedürfen, oder bei **kleineren Problemen**, muss man dennoch der Zeit entsprechend eine passende Meditation durchführen und die Formel der inneren Einstellung verinnerlichen. In einem solchen Fall kann die Meditation nur **wenige Minuten** und bei Fortgeschrittenen gar nur wenige Sekunden dauern.

Wie du meditierst und das Gesetz der inneren Einstellung verinnerlichst, hast du schon in den vorherigen Kapiteln gelesen.

Während dieser Haupt-Meditationszeiten, die du jeden Tag durchführst, bis das Ziel erreicht ist, lässt du alle gewählten Dantseloger **das IAB-Ritual wiederholen**.

7.2.2 Praktische Umsetzung der IAB: Das IAB-Ritual

Nach der Hauptmeditationszeit müssen die IAB im Alltag „ausgelebt" werden. Das bedeutet, sie **in der Realität zu praktizieren**. Dies passiert, indem du alle Dantseloger der Realisierungs- und Wirkungsphase im Alltag auslebst und ausleben lässt.

 Das bedeutet: Jetzt fängst du an, praktisch und real das umzusetzen, was die Dantseloger mit den IAB gemeint haben und diesen 1:1 zu gehorchen.

 **Beispiel Dantseloger** *Sport*

Wir erinnern uns, die **Instruktion** von *Christa* lautet (1):

> „Du, *Sport*, ich treibe dich und du trägst unwiderruflich dazu bei, dass ich in 4 Wochen 4 Kilo Fett reduziert habe."

Die **Akzeptanz** von *Sport* lautet (2):

> „Ja, 3 Mal die Woche, immer am frühen Morgen, bist du, *Christa*, für jeweils 30 Minuten allein mit mir beschäftigt. Du treibst mich mit Freude, du siehst Tag für Tag, wie ich dir helfe, wie ich dazu beitrage, dass die Pfunde purzeln. Dadurch verlierst du in 4 Wochen 4 Kilo Fett, *Christa*. Ich trage dazu bei, dass deine Blutzuckerwerte wieder gut sind."

Die **Gegen-Akzeptanz** von Christa lautet (3):

> „Ja Sport, ich treibe dich mit Freude und akzeptiere, dass du mir zum Abnehmen verhilfst und so dazu beiträgst, dass meine Blutwerte besser werden."

Die „So-sei-es"-Phase für den Sport würde für Christa so laufen:

Drei Mal die Woche geht sie tatsächlich für jeweils 30 Minuten joggen. In dieser Zeit ist sie und bleibt sie mit *Sport* in Konversation, im Austausch, im Gespräch, das zum Ziel hat, die Aufgabe des *Sports* zu erreichen: Fett und Gewicht reduzieren. So geht sie vor bzw. so kommen sie ins Gespräch, laut oder leise. Anfängern empfehle ich, laut vor sich hin zu sprechen, so dass man sich selber hört:

Christa

> „Guten Morgen *Sport*. Wie geht es dir?"

Sport

> „Gut geht es mir und dir?" (Christa hört *Sport* antworten, weil sie sich das selbst sagen hört)

Christa

> „Mir geht es so lala, aber bald wird es mir gut gehen mit dir. Jetzt ist unsere gemeinsame Zeit. Ich werde dich jetzt treiben und du trägst unwiderruflich dazu bei, dass ich in 4 Wochen 4 Kilo Fett reduziert habe. Heute ist unser erster Tag."

Sport

> „Sehr gerne bin ich dabei und helfe dir. In den nächsten 30 Minuten bist du, Christa, allein mit mir beschäftigt, du treibst mich mit Freude, du siehst von diesem Tag an, wie ich dir helfe und dazu beitrage, dass die Pfunde purzeln und dadurch verlierst du in 4 Wochen 4 Kilo Fett. Ich trage ab heute dazu bei, dass deine Blutzuckerwerte wieder gut sind."

Christa

„Das freut mich sehr. Mir geht es ganz gut, wenn ich dich höre. Ich habe Lust darauf und freue mich auf dich. Ja, *Sport*, ich treibe dich mit Freude und akzeptiere, dass du mir zum Abnehmen verhilfst und so dazu beiträgst, dass meine Blutwerte **besser geworden sind**."

Gemeinsame Beschwörung, damit das Ziel ganz im Fokus bleibt:

„Wir konkurrieren darum, deine Blutzuckerwerte auf <100 mg/dl und <5,6 mmol/l zu reduzieren. Sie sind nun reduziert und sind auf <100 mg/dl und <5,6 mmol/l."

Jetzt geht sie joggen. Und während des Joggens bleiben *Christa* und *Sport* in ständigem positivem Austausch und motivieren sich gegenseitig mit gegenseitigen Instruktionen und Akzeptanzen. Während des Joggens könnten Gespräche mit anderen Dantselogern integriert werden. Das bringt ein noch besseres Ergebnis. Zum Beispiel könnte *Sport* mit *Fett* oder *Blutzuckerwerten* oder *Beinen* usw. reden, wie zum Beispiel:

Sport zu Fett

„*Fett*, ich bin dabei dich zu verbrennen, so dass du in 4 Wochen 4 Kilo leichter bist. Spürst du mich?"

Fett antwortet:
> „Sehr gerne, ich spüre dich, es wird heiß und ich schmelze. Ich gehorche dir und bin sehr gerne 4 Kilo leichter."

Das sind die Gespräche in dir. Es ist generell ratsam, die ganze Zeit solche **positiven Gespräche der Dantseloger untereinander** zu führen, denn so boosten sie sich gegenseitig. Diese mentale Stimulation und das Simulieren des Ergebnisses sehen lustig und nach Spaß aus, haben aber einen immensen positiven Effekt auf den ganzen Prozess. Allein durch **mentale Stimulation und das Simulieren einer Tat** kann ein Effekt entstehen, als ob man aktiv die Tat direkt durchgeführt hätte.

Wichtige Erinnerung

Es ist wichtig, noch einmal zu erwähnen (auch wenn du es schon weißt), dass du die verschiedenen Schritte der Selbst-Konversation die ganze Zeit so realitätsnah wie möglich visualisierst. Du musst zum Beispiel in deinem Kopf virtuell sehen, wie Sport das Fett angreift, während sie sich unterhalten. Es ist für dich kein Spaß, keine Spielerei, alles ist wahrhaftig in deinem Geist. Was geistlich bereits geschehen ist, materialisiert sich in der physischen Welt. Das ist das Gesetz der Macht der spirituellen Welt über die physische Welt.

Danke, Lob und Belohnung: Nach dem Sport bedanken sich *Christa* und *Sport* freudig gegenseitig und belohnen sich. Dankbarkeit, Lob und Belohnung sind ein wichtiger Bestandteil des Erfolgs des Dantselogs. **Ohne Dankbarkeit kein Empfang.** Dankbarkeit ist sehr wichtig im Dantselog; sich selbst dankbar zu sein, Gott dankbar zu sein, Dankbarkeit unter den Dantselogern. Nach jeder Aktion müssen die Dantseloger sich bei sich selbst und bei den anderen bedanken und glücklich loben, dass sie das Ziel erreicht haben. Es darf dabei kein Zweifel aufkommen, dass das Ziel erreicht ist. Es ist eine **Freude** in der festen Überzeugung, dass das Ziel erreicht ist. Deswegen belohnt man sich auch. Sei dabei kreativ mit der Belohnung. Ein **Belohnungselement** zu integrieren ist sehr gut, weil das **motiviert** und zu mehr **stimuliert**. So kann man das Gehirn austricksen.

Diesem Beispiel von Christa und Sport folgend, führst du diese Schritte der „So-sei-es"-Phase mit allen anderen Dantselogern durch.

Bist du aufmerksam gewesen? Hast du bei dem Gespräch zwischen Christa und Sport gerade eben etwas festgestellt?

Hier in der Ergebnisphase passiert das ganze Gespräch in der Gegenwart, die gleichzeitig einen Prozess zeigt.

7.2.3   Wie oft wiederholst du das IAB-Ritual?

Jedes Mal, wenn du zum Beispiel Sport treibst, wiederholst du die Selbstgesprächs-Darstellung, wie oben beschrieben.

Christa Wenn Christa zum Beispiel Ingwer, Rinder-steaks, Ingwerwasser, Kochen oder gar Ernährung als Dantseloger definiert hat, dann muss sie **jedes Mal** (zumindest so oft sie kann), wenn sie sich mit diesen Dantselogern beschäftigt, zum Beispiel beim Kochen, Essen oder Ingwerwasser Trinken, das entsprechende IAB-Ritual durchführen. Ist sie in einer Situation, in der sie das in der wenigen Zeit nicht tun kann oder wenn sie noch Dantselog-Anfängerin ist, dann muss sie dennoch **den Endeffekt des Dantselogers** auf ihre Blutzuckerwerte **visualisieren** und sehen, dass es geholfen hat bzw. hilft. Sie ist zum Beispiel mit Freunden essen und es kommt ein Ingwertee. Sie hat sicher nicht die Zeit sich zurückzuziehen und das IAB-Ritual laut vor sich hin zu sprechen. In diesem Fall visualisiert sie nur, wie der Ingwertee ihre Blutzuckerwerte verbessert, sie sieht die gewünschten Werte im Kopf und **bedankt sich in der Stille**. Das dauert nicht mal 15 Sekunden. Aber es hilft.

7.2.4   Zeitlimit: Wie lange dauert das Ritual?

Hier bist du frei. Alles hängt von der Zeit ab, die dir zur Verfügung steht, um eine Lösung zu einem Problem zu finden. Bei Christa wird die Zeit zeitlos eingesetzt. Das bedeutet, bis die

Blutzuckerwerte wieder normal sind und danach kann sie Dant-selog beibehalten, damit die Krankheit nie wiederkommt.

Für eine Person, die Dantselog benutzt, um ein Gespräch über eine Gehaltserhöhung mit dem Chef erfolgreich abzuschließen, ist es etwas anders. Dann ist **das Zeitlimit, das Gespräch selbst**. Nicht vorher, das ist total wichtig. Manche machen den Fehler, einen Tag oder einige Stunden vor dem X-Moment auf-zuhören, weil sie schon zu sicher sind. Es ist gut, Sicherheit zu haben, aber die **gesammelte positive Energie sollte aktiv und wach** bleiben. Der positive Druck muss beibehalten wer-den, bis das „Ding" erreicht ist. Man muss sich immer vor mög-lichen Interferenzen schützen und ständig konzentriert und wachsam sein, bis alles vorbei ist.

Eine **mögliche Interferenz** wäre zum Beispiel: Du hast dich seit zwei Wochen mit Dantselog auf dein wichtiges Gespräch um 11 Uhr in der Firma vorbereitet. Schon am Morgen, bist du nicht mehr im Dantselog. Unterwegs geschehen Dinge, die du nicht beeinflussen kannst, wie zum Beispiel ein Unfall, der ei-nen Stau verursacht und die Zeit läuft dir davon. Plötzlich kom-men Angst und Sorge, dass du es nicht mehr zeitlich schaffen könntest. Der Stress installiert sich langsam in dir und du fängst an dich aufzuregen. So belädst du dich mit negativer Energie, die deine Stimmung und Ausstrahlung auch generell negativ be-einflussen und deine Konzentration stören könnte. Das kann dein Gesprächspartner spüren und das gesamte Gespräch beein-flussen. Wärst du in Dantselog geblieben, hättest du auch in so einer Situation das magische Gesetz gesagt:

„Alles und alle um mich herum und in mir tragen dazu bei, dass ich mein Ziel erfolgreich erreiche und glücklich bin. So war es immer gewesen, so ist es immer geplant worden, auch diesmal wird es so sein, so wird es geschehen, so ist es geschehen, so sei es. Danke!"

und hättest darin die nötige Ruhe und Zuversicht gefunden und so deine Selbstgespräche zur Bewältigung dieses Unvorhergesehenen angepasst.

 Wenn du Dantselog schon gut verinnerlicht hast, wirst du sehr kurzfristige Probleme lösen können, wie plötzliche Kopfschmerzen, Bauchschmerzen, Wut, Stress, Ängste, Frühejakultion, Potenzsstörung, Übelkeit, wichtige Gespräche, ohne viel Zeit dafür zu benötigen.

7.3 Dauerhafte meditative Selbstge-spräche

Du hast in Kapitel 7.2.1 „Gebet-Meditation" gelernt, dass du das IAB-Ritual zuerst, wie bei allen anderen Phasen, mit einer Meditation und die Verinnerlichung des Gesetzes der positiven inneren Einstellung anfängst.

Während des ganzen Prozesses wirst du als **Anfänger regelmäßig meditieren**. Dabei versuchst du in der Mediation das ganze IAB-Ritual mental (geistig) darzustellen und du bist überzeugt, dass „es so sei", indem du klar das gewünschte Ergebnis und die Freude darüber visualisierst. Du schließt die Meditation immer mit einem Dank ab; die Dantseloger bedanken sich gegenseitig und du bedankts alle, da sie dazu beigetragen haben, dass es so sei.

7.4 Warten auf den Eintritt des Ergebnisses

Was du erwartest, **akzeptieren** und es dann **loslassen** sind die Zutaten, die Dantselog benutzt, damit Ziele erreicht werden. Verkrampfungen führen selten zum Ziel oder zum Durchbruch.

Das **Warten**, bis das Ergebnis so kommt, wie bestellt, sollte **entspannt** sein. Du musst das Problem selbst loslassen und nur noch das IAB-Ritual durchführen. Außerhalb der Ritual-Momente sollst du dich nicht mehr mit der Sache beschäftigen.

Außerhalb des IAB-Rituals sollst du loslassen. Nicht mehr an die Sache an sich denken. Du sollst nicht den ganzen Tag immer nur daran denken, was du durchmachst, was bei dir los ist. Du musst versuchen, so normal wie möglich unter Beachtung der Dantseloger-Aufgaben zu leben. Die **Energie mag nicht mit Druck arbeiten**. Man darf aber nicht Konzentration und Disziplin verwechseln mit Druck im negativen Sinn, mit zwingen, durchboxen, koste es, was es wolle. So erreicht man selten eine gesunde und gute Lösung. Du musst deswegen in deinen Alltag andere **Dingen einbauen, die dir Spaß und dich glücklich machen** und die dazu führen, dass du von der Dantselogie abschalten kannst.

Die Zuversicht, dass du schon Erfolg hast, sollte dich ruhigstellen. Wenn du beim Warten nicht entspannt bist, Angst hast, oder dir Sorgen machst, dann ist das ein Zeichen, dass du eine oder mehrere Dantselog-Phasen nicht richtig durchgeführt hast. Es ist dann Zeit, noch einmal genau zu schauen, wo du etwas nicht ganz richtig gemacht hast.

Geduld ist beim Warten sehr wichtig. Ich habe gemerkt, dass manche Menschen zu schnell aufgeben und das manchmal kurz bevor das gute Ergebnis kommt. Sie hätten nur noch ein paar Tage durchhalten müssen, aber sie gaben auf, weil sie dachten, es ändert sich nicht. Man muss wissen, dass viele Dingen oft dann kommen, **wenn wir es am wenigsten erwarten**. Und das ist immer in den Momenten des Loslassens, in Momenten, in denen man sich mit anderen Sachen beschäftigt. Das Ergebnis kann plötzlich kommen. Deswegen ist es bei der Dantselogie immens wichtig **Vertrauen zu haben** (dass alles läuft, auch wenn es scheinbar physisch nicht sichtbar und bemerkbar ist) und geduldig weiter zu machen, die Prozesse gegebenenfalls anzupassen und zu warten.

7.5 Tagebuch der Veränderung

Je nach Art des Ausgangsproblems bzw. des zu erreichenden Ziels ist es sinnvoll, ein Tagebuch der Veränderungen zu führen. Das ist sehr wichtig für dich selbst, gerade auch, wenn man bei dem Prozess **von einem Therapeuten begleitet** wird, denn dieses Buch hilft ihm, die Veränderungen, die du alleine durchläufst, zu verfolgen, Fehler zu erkennen und **gegebenenfalls Abläufe anzupassen**. Genau wie es ein Arzt mit seinem Patienten macht: Er kann während der Therapie die Dosis erhöhen, reduzieren, für paar Tage absetzen usw. Beim Dantselog ist es ein ähnliches Procedere und deswegen sind die **Lösungsideen** der Lösungsphase sehr wichtig. Man kann jederzeit **darauf zurückgreifen** und „Verstärkung" holen.

Das Tagebuch dient nicht nur dazu, die Veränderungen an sich oder in sich zu notieren, sondern auch die **Umfeldveränderungen**, das gesamte Verhalten und die **gesamte Entwicklung** während des Dantselogs festzuhalten. Es wird notiert, wer wann was wie gemacht hat, gegessen hat, ins Bett gegangen ist, Sex gehabt hat usw. Auch Dinge, die **unwichtig erscheinen** sind zu notieren, denn oft sie sind ein **Schlüssel** der Lösungen. Es bedarf sehr viel Aufmerksamkeit, das zu erkennen.

Aufmerksamkeit

Das Tagebuch stärkt die Aufmerksamkeit. Diese ist beim Dantselog sehr wichtig. Sehr oft erscheinen die Dinge, nach denen wir fragen, tatsächlich, aber in Formen, die wir nicht erkennen.

Das Tagebuch hilft dir dabei, schnell zu **erkennen, dass etwas Wichtiges geschieht** oder geschehen ist.

7.6 So nutzt du Dantselog

Das gute beim Dantselog ist, dass du es auf deine Art machen kannst. Dantselog ist eine Grundlage, die man nach **deinen eigenen Wünschen** erweitern kann. Nur der Ablauf muss so sein, wie beschreiben.

8.
Die wichtigsten Voraussetzungen, damit es funktioniert

> # Jeder Erfolg hat seinen Preis

Damit du das Potenzial der Dantselog voll ausschöpfen kannst, gibt es ein paar **Grundregeln** zu beachten, **Werte**, an denen du dich orientieren solltest. Mit diesen Regeln und Werten **erhöhst du die Chance** deines Erfolgs.

Du musst dich aber nicht unbedingt daran halten, auch ohne all diese Regeln und Werte kannst du dein Ziel erreichen. In diesem Fall das Erreichen des Ziels aber wie ein **Lottotreffer** oder eine Glücksache, denn auch Erfolge können zufällig kommen.

8.1 Schweigsamkeit, Diskretion

VOR UND WÄHREND DEINER DANTSELOGIE MIT NIEMANDEM DARÜBER REDEN

Das ist das erste Gesetz überhaupt, das du UNBEDINGT, ich wiederhole **UNBEDINGT respektieren** musst: Vor und während der Therapie darfst du mit niemandem über deine mentale und innere Arbeit reden.

Viele Selbstheilungen, Selbsttherapien oder Selbstcoachings gehen schief, weil man mit seinem Partner, Kollegen, seinen Eltern, den Freunden usw. darüber geredet hat. Du wirst leider erkennen, dass **„moderne" Menschen** aufgrund ihrer Sozialisation grundsätzlich **Dingen negativ gegenüber einge-stellt** sind, die sie selbst **nicht fähig sind zu verstehen** oder zu tun. Menschen zeigen allem, was nicht das ist, was sie wissen und kennen, was nicht in ihre Komfortzone gehört, gegenüber ein **Angst-Verhalten**, das mit Ablehnung, Belustigung, Auslachen, Abwertung, Warnung usw. einhergeht. Sie denken dann negativ und drücken sich meistens negativ aus mit negativen Worten. Menschen werden **meist in Angst und Sorge erzogen**, und gleichzeitig hat man ihnen das, was sie am meistens schützt, ihnen Sicherheit gibt, sie stark und selbstbewusst macht, **weggenommen: die Spiritualität und Werte**. Sie sind eigentlich nur noch wandelnde, leidende Hüllen ohne Inhalt.

 Sie werden dazu tendieren, das abzuwerten was du tust, weil sie es selber nicht können oder kennen. Nur ein Wort, eine Gesichtsausdruck, ein Ton, ein Blick kann reichen, um dich zurückzuwerfen.

Wenn du jemandem etwas mitteilst, wird diese **Person energetisch ein Teil der Sache**. Die Sache ist nun liiert mit ihr und sie mit der Sache. Sie kann nun deine Sache mental bewusst oder **unbewusst beeinflussen**. Deine Sache kann übrigens auch sie wiederum beeinflussen. Deswegen kennt man Fälle, in denen jemand über sich redet, über eine Krankheit zum Beispiel, und kurz später erkrankt der Mithörende ebenfalls an dieser Krankheit.

8.2 Disziplin

Die zweite wichtige Voraussetzung für den Erfolg von Dantse-log ist die Disziplin. Sie ist die **Basis für jegliche Entwicklung** aller Entfaltungen und Verwirklichungen. Ohne Disziplin wirst du niemals bzw. selten oder schwer ein Ergebnis erzielen das dich weiterbringt, das gewünschte Ergebnis. Ohne Disziplin wird sich die „So-sei-es"-Phase nie realisieren. Der disziplinierte Mensch strahlt eine **starke Anziehungskraft** aus, ihm gelingt, wobei andere versagen und endet immer mit einem **Sieg über die Hindernisse**, die ihm auf dem Weg begegnen.

8.3 Ehrlichkeit

Sei ehrlich zu dir selbst. Das bedeutet nicht schonungslose bis zerstörerische Selbstkasteiung, sondern eine **ehrliche Analyse** deiner Schwächen und Misserfolge. Nur so kannst du daraus lernen, was du das **nächste Mal besser** machen wirst. Auch das solltest du am Ende möglichst **konkret formulieren** und laut aussprechen.

Wäge ab. Wenn du dir schon Zeit für dich nimmst, dann gründlich: Diskutiere ruhig sämtliche Vor- und Nachteile einer Entscheidung, die dir in den Sinn kommen und wäge diese ab. Hauptsache, du triffst hinterher auch eine **Entscheidung**. Andernfalls vergrößerst du das Hindernis, das vor dir liegt, nur noch.

8.4 Brennendes Verlangen

Das starke Verlangen, das stets anhält, ist eine wichtige Voraussetzung für den Erfolg der Dantselogie. Der starke Wunsch ist der **Funke, der den Docht entzündet**, ohne ihn ist nichts möglich. Wenn du keine Wünsche, kein Verlangen hast, wird in deinem Leben natürlich nicht viel los sein.

Das brennende Verlangen, ohne Wenn und Aber, etwas zu erlangen, etwas zu bekommen, zu erreichen bewirkt in dir eine **mächtige Energie**, die „Wunder" bewirken kann. Je stärker, intensiver und anhaltender dein Verlangen ist, desto mehr wird wahr werden, was du dir wünschst (positiv wie negativ).

Der Wunsch ist die Grundlage allen Handelns.

Damit deine Wünsche mächtig sind, musst du sie aufrechterhalten und sie mit dem **glühenden Feuer deines Willens** und deiner Fantasie nähren. Das geschieht, indem du täglich darüber nachdenkst und dir vorstellst, dass du diesen Wunsch tatsächlich verwirklicht hast. Das machts du **mit dem IAB-Ritual**. Immer so tun, als ob du bereits deinen Wunsch erlangst hast. Du befindest dich also bereits in den Bedingungen der Verwirklichung deines Wunsches. Auf diese Weise **zieht dein Geist alle Ereignisse an**, die das gewünschte Ergebnis erzielen können.

Alle Wünsche beginnen mit einem Gedanken, und die Aufsummierung von Gedanken, die in dieselbe Richtung gehen wie dein Verlangen (Wunsch), bringt unweigerlich ihre konkrete Realität mit sich.

Mit dem IAB-Ritual, das die gleichen Szenen in deinem Geist ständig wiederholt, schaffst du es, **das Verlangen heiß und brennend zu halten**. So boostest du die Erfolgschance, das zu bekommen, was du dir wünschst und willst.

8.5 Ausdauer und Geduld

Ausdauer ist wichtiger und kraftvoller als Talent.

Vielen Menschen geben ganz kurz vor dem Durchbruch auf. Geduld und Ausdauer sind wichtig in allen Dingen. Aber sie sind auch manchmal der **schwierigste Teil** bei der Demonstration des Erfolgs des Dantselogs, denn viele Menschen tendieren dazu **Kompromisse** zu machen, Strategien zu ändern, zurückzugehen oder gar **aufzugeben**, wenn es vielleicht länger dauert, wenn positive Veränderungen noch nicht zu sehen sind oder etwas dazwischenkommt.

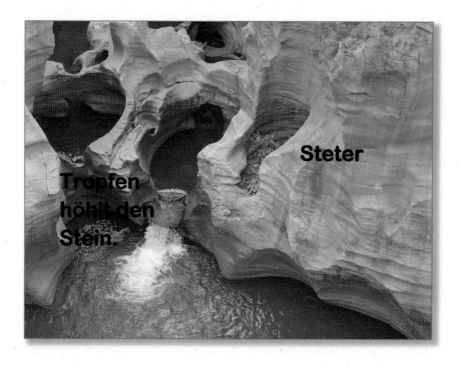

Steter Tropfen höhlt den Stein.

Die Wichtigkeit von Ausdauer und Geduld findet man auch in vielen **biblischen Versen**:

> „SELIG IST DER MANN, DER DIE ANFECHTUNG ERDULDET; DENN NACHDEM ER BEWÄHRT IST, WIRD ER DIE KRONE DES LEBENS EMPFANGEN, WELCHE GOTT VERHEIßEN HAT DENEN, DIE IHN LIEBHABEN."
> JAKOBUS 1:12-18

> „DIE AUSDAUER ABER SOLL ES ZUM VOLLENDETEN WERK BRINGEN, DASS IHR VOLLKOMMEN SEID UND OHNE FEHL, IN NICHTS ZURÜCK."
> JAKOBUS 1:4

> „IHR BRAUCHET AUSDAUER, UM DURCH ERFÜLLUNG DES GÖTTLICHEN WILLENS DIE VERHEIßUNG DAVONZUTRAGEN."
> HEBRÄER 10:36

> „LASST UNS ABER GUTES TUN UND NICHT MÜDE WERDEN; DENN ZU SEINER ZEIT WERDEN WIR AUCH ERNTEN, WENN WIR NICHT NACHLASSEN."
> GALATER 6:9

8.6 Aktion, Handlung, Übung

Selbst mit stark brennenden Wünschen und eiserner Disziplin bekommst du nur, was du willst bzw. erreichst dein Zeil nur dann, wenn du **in Aktion gehst** und bleibst.

Du kannst über das gesamte Wissen verfügen, das du brauchst, um dein Ziel zu erreichen, **wenn du aber nicht handelst**, hast du **keine Chance**, erfolgreich zu sein.

Der Unterschied zwischen einem Mann, der Wissen hat, und einem Mann, der Erfolg hat, liegt in der **Praxis**, in der **Übung**. Je mehr du übst und praktizierst, desto schneller und spektakulärer wirst du mit deinen Erfolgen sein.

Erfolge oder Misserfolge im Leben sind nicht immer vom Schicksal bestimmt. Wer etwas ganz besonders intensiv bekommen will, wer ein bestimmtes Ziel erreichen möchte, muss auch in **Arbeit, Anstrengung, Ausdauer und Kraft** investieren.

> **„ALLES, WAS DEINE HAND ZU TUN FINDET, DAS TU MIT ALL DEINER KRAFT."**
> **PREDIGER 9:10**
>
> **„...DIE ÜBERLEGUNGEN DES FLEISSIGEN SIND NUR ZUM VORTEIL."**
> **SPRÜCHE 21:5**

8.7 Demut und Gehorsamkeit

Demut ist sehr wichtig in der Dantselogie. Demut ist nicht Demütigung. Die Demut hilft in der Dantselogie, dass du deine **Schwächen** und deine **Stärken** gut definieren und **akzeptieren** kannst. So hast du bewusst einen Einfluss auf alles, was um dich und in dir vorgeht. Sie hilft dir **Kritik anzunehmen** und Fehler zuerst immer bei sich selbst zu suchen. In der Dantselogie ist dies so wichtig, weil es während der Gespräche zwischen den Dantselogern zu Situationen kommen kann, in denen dein Stolz im Spiel ist. Du musst bereit sein, diesen **Stolz zur Seite zu schieben** und nur zu sehen, was man dir sagen will.

Während des Gespräches kann passieren, dass ein **Dantseloger** dir sagt, dass du den Herrn X oder die Frau Y um Hilfe bitten sollst, auch wenn du glaubst, es besser zu wissen. In diesem Fall musst du Demut zeigen und den **Vorschlag annehmen und 100% gehorchen**. Gehorsamkeit ist sehr wichtig beim Dantselog. **Sturheit** und Recht haben wollen **blockieren** den Erfolg. Sie stressen die Dantseloger und sie können sich dann nicht mehr richtig ausdrücken.

 Die Bereitschaft, Verantwortung für Fehler zu übernehmen und aus Fehlschlägen zu lernen, bringt dich viel schneller an dein Ziel.

Demut hilft, Verantwortung zu tragen. **Trage immer die Verantwortung** für das entstandene Problem. Sei immer der Täter. Es gibt einen Unterschied, zwischen Schuld tragen und Verantwortung übernehmen. Wenn du die Verantwortung übernimmst, kannst du die **Energie** zur Suche der Lösung **freimachen**.

Demut **baut die Hemmung ab**, Fragen zu stellen, um Hilfe

zu bitten. Dantselogie basiert darauf, dass die Dantseloger sich gegenseitig helfen und sich helfen lassen. Das bedeutet: Fragen stellen und Tipps annehmen.

Mehr über Demut kannst du in meinem Buch „ Die vier Glückssäulen der Primitiven" erfahren. (ISBN 978-3-946551-45-4)

8.8 Dankbarkeit

In vielen Orten dieses Buches, hast du schon gelesen, dass Dankbarkeit sehr wichtig ist und dass du dich bei allen immer bedanken musst. **Dankbarkeit** hilft, um mit dem, das wir bekommen oder erreichen wollen, in **Harmonie** und **energievollem Kontakt** zu bleiben. Wir müssen uns für das, was wir erhalten (oder erhalten wollen/werden), bedanken und dankbar sein.

Dankbarkeit hält die **Verbindung** zwischen dem menschlichen Geist und der Substanz aufrecht. Sobald wir Danke sagen, erkennen wir an, dass wir etwas erhalten haben, und wir geben der **göttlichen Gnade** die Möglichkeit, dass diese etablierte Tatsache geschieht und wahr wird.

9.
Wann kann Dantselog scheitern?

Trotz vielen Erfolge, gab auch einige wenige Fälle, bei denen Dantselog nicht zum gewünschten Ziel geführt hat.

Woran kann das liegen, was kann den Erfolg des Dantselogs verhindern? Was tun, wenn man alles richtig gemacht hat, aber das Ziel dennoch nicht erreicht wird? Was sind die größten **Erfolgsverhinderer** in der Dantselogie? Es kann vorkommen, dass du wirklich nicht weißt, warum du dein Ziel nicht erreicht hast.

Das Erste, was zu tun ist, ist **sachlich** zu bleiben und dir **Fragen** wie diese zu stellen:

- **Warum habe ich mein Ziel nicht erreicht?**

- **Habe ich alles richtig gemacht?**

- **Lag es an mir oder liegt es an etwas anderem?**

- **Habe ich vielleicht etwas missachtet?**

Im Folgenden findest du **mögliche Antworten**.

9.1 Die wichtigsten Faktoren, die zum Scheitern führen können

Unter vielen möglichen **Hindernissen** gibt es **fünf große**, die in der Lage sind, alle deine Projekte mit Dantselog zu sabotieren und scheitern zu lassen. Diese Barrieren sind **echte Wunden** und Obstruktionen im Bereich der Dantselogie.

Die größte fünf Erfolgsverhinderer, die so viele Opfer auf deinem Weg verursachen:

1. Negative Angst***

> „DENN WAS ICH GEFÜRCHTET HABE, IST ÜBER MICH GEKOMMEN, UND WOVOR MIR GRAUTE, HAT MICH GETROFFEN".
> HIOB 3,25

In diesem Satz der Bibel allein steckt die ganze Wahrheit. Wenn du **Angst hast, dass du scheitern wirst**, dann wirst du scheitern. Wenn du Angst hast, zieht sich deine Energie zurück und du verlierst alle deine Mittel, dein Ziel zu erreichen.

*** Angst ist nicht generell schlecht. Sie kann sogar gesund sein und unser Leben retten, uns vor Gefahr warnen. Negative Angst ist eine Angst, die durch unsere Vorstellung von Gefahr entsteht und nicht durch eine reale vorhandene Bedrohung. **369**

Ich habe einen Film gesehen, in dem es um ein **kleines Tier** ging, kaum größer als eine große Ratte. Das Tier sah ein Rudel Löwen kommen und hatte **überhaupt keine Angst**, als ein Löwe auf es zukam und es angriff. Im Gegenteil es rannte in dem Löwen entgegen und griff ihn an. Der Löwe versuchte, ihm Angst zu machen, aber das kleine Tier griff einfach weiter an und der **Löwe und sein Rudel rannten vor Angst davon.**

 Da habe ich verstanden, dass der Löwe mit unserer Angst angreift. Der Löwe zieht seine Gefährlichkeit aus der Angst der anderen. Geh auf den Löwen zu und er wird verschwinden; flüchtest vor ihm, dann wird er dich verfolgen. Die negative Angst bringt uns den Misserfolg.

2. Zweifel

Zweifel **vergiften den Geist und den Körper**, die Vorstellungskraft wird untergraben, was zu Misserfolg und Scheitern führt. Da wo es Zweifel gibt, kommen schnell die Angst und die Antriebslosigkeit, die dazu führen, dass **alles schiefgeht.**

3. Faulheit

Dantselog kann Erfolg haben nur, wenn man es **ständig durchführt** und die Rituale immer wieder wiederholt. Man muss sich immer die **nötige Zeit nehmen**, um diese Arbeit zu machen. Wenn man vorwiegend faul ist, und die Therapie nur unregelmäßig macht, wird das Projekt **scheitern**. Nicht die Dantselogie hat nicht funktioniert, sondern deine (anhaltende) Faulheit. Dazu kann die Faulheit **andere Beschwerden** mit sich bringen, wie Antriebslosigkeit, Depression, Müdigkeit usw. Keine angenehmen Faktoren für eine erfolgreiche mentale Arbeit. Faul sein führt zu einem **Gefühl der Nutzlosigkeit**, zu Schuldgefühlen, einem Gefühl der Unproduktivität und Ineffizienz, ohne dass wir uns dessen zwangsläufig bewusst sind. Das wirkt sich auf unser **Selbstbewusstsein und Selbstwertgefühl** aus, was dazu führt, dass wir nicht daran glauben, dass wir es schaffen können. Deswegen schafft man es dann auch nicht.

4. Müdigkeit & Ermüdung

Müdigkeit macht unentspannt. Dantselog braucht dich aber immer in einem entspannten Zustand, um gut zu wirken. Es ist praktisch **unmöglich** Dantselog erfolgreich zu führen, wenn man **angestrengt** ist, schlecht gegessen hat oder müde ist. Warum? Dantselog braucht **sehr viel Energie**, die du aus dir selbst nimmst. Der Körper muss aber imstande sein, genug Energie zu produzieren und zu liefern. Der **Körper und der Geist** nehmen sich zuerst die Energiereserven für ihr eigenes Funktionieren, damit die Organe und alle ihre Funktionen weiter gut laufen, bevor sie diese Energie für eine andere Tätigkeit verwenden. Bei Müdigkeit sind **Konzentrations- und Denkvermögensschwäche** am größten. Das Gehirn arbeitet auf Sparflamme. Die Energie des Körpers wird benutzt, um zuerst solche Anomalien zu beseitigen und somit fehlt dir die Energie für die spirituelle Arbeit der Dantselogie.

Mit Dantselog dein Projekt erfolgreich zu führen erfordert einen **Körper** und einen **Geist**, der **entspannt** (deswegen die Meditation), **ausgeruht** und **aufmerksam** ist. In diesem Moment bekommen dein Geist und deine Gedanken die nötige Kraft, um stark zu handeln.

5. Ungesunde Ernährung

Durch die Ernährung gelangen **Nährstoffe** sowie **Energie** in den Körper. Was Dantselog zum **Misserfolg** führen kann, ist eine schlechte, ungesunde Ernährung und ein schlechter Ernährungsstil. Der größte Teil der Energie in unserem Körper kommt aus der Ernährung. Eine überwiegende **säuerliche, fett- und zuckerreiche Ernährung** (Fertiggerichte, zu hoher Konsum an Weizenmehl haltigen Gerichten, zu viele kohlensäurehaltige Getränke, zu viele Süßigkeit, usw.) **stresst den Körper**, es fehlt an Nährstoffen und deswegen **entzieht** die schlechte Ernährung dem Körper einen großen Teil an **Energie und Kraft**.

Wenn man **zu viel** oder **zu den falschen Zeiten** isst, zum Beispiel erst kurz vor der Meditation, strengt man den Körper an und macht ihn **müde**. Du hast schon gelesen, wie Müdigkeit dem Dantselog schadet.

Außerdem kann schlechte Ernährung viele **Krankheiten hervorrufen**, die während der Dantselogie stören könnten.

9.2 Alles richtig gemacht und das Ziel trotzdem nicht erreicht: Warum?

Trotz vieler Erfolge gibt auch einige wenige Fälle, bei denen Dantselog **nicht zum gewünschten Ziel** geführt hat, obwohl alles richtig gemacht wurde. Das muss ich zugeben. Der Grund? Es kann einfach **in der Natur der Sache** liegen.

Es gibt auf der Welt keine Therapieform, die 100% immer erfolgreich ist. Auch das machtvolle Gebet schafft nicht alles. Ob Buddhismus, Christentum, Islam, Hinduismus, Schulmedizin, Naturmedizin, Psychotherapie… es gibt immer **Erfolge und Misserfolge**.

Die Erfolgschancen hängen von vielen Parametern ab. Eine **Garantie** dafür, dass es immer positiv läuft und du immer dein Ziel erreichst, **kann ich nicht geben**. Wie bei allen Therapieformen, seien sie medikamentöse (Schulmedizin) oder alternativ, gibt es kein Rezept, von dem man sagen kann, es hilft immer 100%, egal was ist. Auch in den Händen der besten Ärzte und Therapeuten, in den besten Top-Kliniken sind leider **nicht alle Therapie mit Erfolg** gekrönt. Auch die wirksamste Tablette gegen eine bestimmte Krankheit wirkt leider nicht immer.

9.3 Alles richtig gemacht und das Ziel trotzdem nicht erreicht: Was tun?

Das Beste an Dantselog ist, dass es nur **positive Nebenwirkungen** gibt, selbst beim Scheitern. Du kannst alles gut gemacht und richtig gemacht haben, aber dennoch erreichst du nicht dein Ziel nicht, du bekommst nicht, was du wolltest. Das kann passieren. Wie sollst du damit umgehen?

Als Erstes musst du diese Tatsache akzeptieren und annehmen

Es ist sehr, sehr wichtig, dass du es so machst, wie ich dir sage. Du sagst dir:

„Ok, ich habe mein Zeil doch nicht erreicht. Ich wollte meine Frau zurück, jetzt ist sie mit einem anderen Mann zusammengezogen."

Mach nicht den **Fehler**, die Sache trotz deiner Enttäuschung als **Niederlage** zu betrachten. Nachdem du dich wieder gefangen hast frag dich: *„Was will mir dieses Ergebnis sagen?"*

Was wir normalerweise Misserfolg, Scheitern, Ziel nicht erreicht usw. nennen, sind eigentlich **keine negativen Dinge**. Dantselog hilft dir dabei, Tatsachen, die du nicht ändern kannst, zu **akzeptiere** und den besten Weg zu suchen, um innerhalb der Situation **weiter erfolgreich** zu sein.

Dantselog findet auch im Fall von sogenanntem „Misserfolg" die **passende Lösung**, denn wie du weißt, besagt die Lehre der DantseLogik Folgendes:

> **„Alles und alle um mich herum und in mir tragen dazu bei, dass ich mein Ziel erfolgreich erreiche und glücklich bin. So war es immer gewesen, so ist es immer geplant worden, auch diesmal wird es so sein, so wird es geschehen, so ist es geschehen, so sei es. Danke!"**

Dieses Gesetz ist ein **Gesetz Gottes** und niemand kann das ändern. Es gibt eine **höhere Macht**, die alles besser weiß als wir und die Zukunft kennt, bevor wir da sind. Sie ist da, um uns zu **schützen**. Wenn sie sieht, dass es für dich in der **Zukunft** besser ist, dass du diese Frau nicht zurückbekommst, weil eine andere, die besser zu dir passt auf dich wartet, kann sie es so einrichten, dass dein Dantselog sein Zeil nicht erreicht, weil das **bessere Ziel kommt**.

Das bedeutet, kommt ein anderes Ergebnis als das erwartete, liegt darin die große Chance, denn Dinge passieren nicht einfach so und alles, was passiert **trägt immer zu unserem Wohl-**

ergehen bei. IMMER. Das einzige Problem ist, dass wir das in diesem Moment nicht erkennen, aber nach einiger Zeit, sind wir oft doch dankbar, dass es so passiert ist.

In meinem Buch **„Dingen passieren nicht einfach so"** (ISBN 978-3-947003-22-8 erscheint im Sommer 2019) kannst du lesen, warum es eigentlich keinen Misserfolg, keine Niederlage, kein Scheitern gibt und warum dich all das stattdessen zu deinem Glück führen wird. In diesem Buch liest du Geschichten von Menschen, die **aus Misserfolgen riesige Erfolge** gemacht haben, weil sie einfach anders gedacht haben.

Wenn man Dantselog nach der Anweisung, wie ich sie hier beschrieben habe, durchführt, dann ist die **Chance auf Erfolg sehr hoch**. Auch bei schweren chronischen Krankheiten ist Dantselog eine riesige Unterstützung der medikamentösen bzw. ärztlichen Behandlung. Dantselog gibt dir **Motivation**, Kraft, Energie und kann die **Heilung** beschleunigen, Schmerzen lindern und **Mut** geben.

> **MIT DANTSELOG KOMMST DU AUF JEDEN FALL IMMER WEITER, SEI ES KÖRPERLICH, SEELISCH ODER PSYCHISCH.**

9.4 Die Dinge laufen gut, aber plötzlich nicht mehr

Obwohl man voll auf das Positive konzentriert ist und dieses auch im absoluten Glauben erwartet, kann es dennoch passieren, dass in der Mitte des Prozesses die Sache **plötzlich eine andere Richtung** nimmt. Normalerweise, wenn man aufmerksam ist (und zum Beispiel ein Tagesbuch der Veränderungen führt), werden solche möglichen „Entgleisungen" viel früh erkannt und eine Antwort kann dafür gefunden werden. Erkennt man es erst mittendrin, ist es wichtig, nicht einfach so mit dem Dantselog weiterzumachen, nach dem Motto: „Ich bin positiv und alles wird gut", ohne **gründlich analysiert** zu haben: Warum ist das passiert? Hat das mit mir zu tun oder mit anderen Personen? Hat es mit der Sache selbst zu tun? Ist mir irgendwo ein Detail entgangen? Habe ich Uhrzeiten oder die Regelmäßigkeiten des Rituals missachtet? Usw. Hast du einen Coach, dann kannst du ihn aufsuchen, damit die neue Situation analysiert werden kann. Es kann aber auch sein, dass Dinge nun einfach anders laufen, weil es **so richtig und gut** für dich ist.

10.

Dafür darfst du Dantselog nicht einsetzen

Du kannst mit Dantselog wirklich **sehr viel Gutes** erreichen, aber leider auch **Schlechtes**, Glück wie Unglück, Liebe wie Hass. Es kann für alles, was man sich wünscht, funktionieren, denn **Dantselog ist neutral**. Man kann Menschen damit positiv wie negativ manipulieren und Wille, Handlung, Verhaltens- oder **Persönlichkeitsveränderungen** von Menschen (er)zwingen.

Es ist mir ein großes Anliegen Leser zu appellieren diese wunderbare Technik nicht zu missbrauchen!

Das bedeutet du darfst Dantselog **nicht nutzen**, um jemandem zu schaden bzw. ihm Schaden zuzufügen, um Leute zu betrügen, zu verletzen, einen Fluch zu verbreiten, um jemandem etwas Böses zu wünschen, Ehen*** zu zerstören, Dinge zu bekommen, die dir nicht gehören, Geld zu klauen, es zur unlauteren Konkurrenz nutzen (zum Beispiel durch Dantselog die Verletzung eines Mitspielers provozieren, damit du seinen Platz einnehmen kannst) und so weiter.

Denke immer daran, dass die Konsequenzen später für dich viel schlimmer sein werden, wenn du Dantselog nutzt, um jemandem Schaden zuzufügen! Es wird immer auf dich zurückfallen. Das ist ist die ausgleichende Gerechtigkeit der Natur.

*** Eine Ehe ist zu unterscheiden von formlosen Beziehungen (Freundschaften, „mein Freund", „meine Freundin"…). Beziehungen sind anders zu bewerten als die Ehe, denn die Natur kennt keine Beziehung ohne Ehe. Du kannst ganz nach Gutdünken einer Freundin ihren Freund oder einem Mann seine Freundin wegnehmen, ohne etwas Böses zu befürchten, denn für die Natur gibt es diese Beziehungen nicht und deswegen haben solche Beziehungsformen null Energie. In solchen Fällen geht es eher um Moral. Das bedeutet, es sind Dinge, bei denen man sagt: „Das tut man nicht", weil sie einfach unschön sind und nicht, weil die Natur dies verboten hat.

Über den Autor

Anders sein, anders sehen, anders handeln, damit etwas Erfrischendes hereinkommt.

Mein Name ist Dantse Dantse, ich bin gebürtiger Kameruner und Vater von fünf Kindern, die zum Teil schon studieren. Meine Hobbys sind schreiben, joggen, träumen und Gott und alles, was er gemacht hat, bewundern und lieben.

Als ältester Sohn einer afrikanischen „Truppe" von 8 Kindern meiner Mutter und als Drittältester Sohn und siebtes aller Kinder meines verstorbenen Vaters, der insgesamt 25 Kinder mit drei amtlich verheirateten Frauen hatte, war mein Leben immer ein spannender Film, seit ich ein Kind war. Alle Kinder und alle Frauen wohnten zusammen in einer Anlage, die Kinder in einem Haus und der Vater und seine Frauen in einem separaten Haus. Wir aßen alle zusammen, spielten zusammen. Eine Frau kochte für alle Kinder. Wir Kinder haben immer eine Ansprechpartnerin gehabt, denn jede einzelne Frau war unsere Mutter. Wenn die eigene Mutter verreist war, kümmerte sich die andere Mutter um dich. Diese Erfahrung muss man machen. Das ist etwas Besonderes, man lernt zu teilen, zu lieben, mit 24 gleichwertigen anderen. Automatisch ist die Definition von wichtigen Werten, wie Geben, Teilen, Gefühle, Liebe, Eifersucht, Geduld, Verständnis zeigen uvm. anders als bei Kindern einer sogenannten „normalen" Familie. Wenn du aus solch einer Familie kommst wie ich, erfährst du so viele Sachen, die dich im Leben weiterbringen. Du lernst viel, weil du schnell lernen musst, um nicht runterzufallen.

Mein Leben ging auch im Erwachsenenalter spannend weiter, nicht nur, weil ich Vater von fünf Kindern von unterschiedlichen, schönen Frauen aus unterschiedlichen Kulturen bin, sondern auch, weil ich Grenzerlebnisse hatte, seien sie gut oder schlecht, die mich geformt haben. Ich habe viele Menschen verloren und viele dazu gewonnen. Ich habe so viele schöne Dinge erlebt, aber auch sehr schmerzhafte Erfahrungen gemacht. Ich habe in meinem Leben fast alles probiert, denn ich bin ein Mensch, der ständig das Neue sucht und vor Risiken keine Angst hat, der bereit ist, bis zum Ende zu gehen, um zu wissen, was aus etwas wird.

Frauen waren und sind immer meine Leidenschaft gewesen, auch heute noch, wenn auch nicht mehr in diesen Mengen. Ein kleiner Star war ich immer gewesen, mein Star. Ich brauchte nicht den Erfolg von Robbie Willams, um bei den Frauen anzukommen. Frauen haben somit mein Leben sehr geprägt. Wichtig dabei ist, dass ich mich nicht verloren habe, sondern im Gegenteil mich stetig weiterentwickelt habe. Viele kennen mich als jemanden, der unkonventionell denkt und lebt, der sehr positiv ist, der ein guter Vater ist, dem die Freiheit (die innere und die äußere) fundamental wichtig ist, der an das Gute im Menschen glaubt, trotz mancher unschöner Vorfälle, der hilfsbereit ist und gerne verzeiht, kurz, als eine Person, die glücklich ist, wie sie ist, aber dennoch weitermacht.

Beruflich passierte sehr viel, vom Studium bis heute. Ich habe unterschiedliche Dinge gemacht und dabei habe ich nicht immer die Rahmenbedingungen beachtet, denn die bremsen meistens. Ich lebe und arbeite seit über 25 Jahren in Deutschland und arbeite heute als Erfolgs-Coach und Marketingberater. Ich berate

Menschen und Firmen, wenn sie nicht mehr wissen, wie es weitergeht! Vor dem Coaching gab es, wie gesagt, noch vieles anderes: Studium, Geschäftsführer, Außenhandel, Firmengründer, Internet, PR, und, und, und…

Die Idee zu schreiben habe ich schon als Kind gehabt, aber erst die Erfahrungen aus meiner Tätigkeit als Berater und Coach brachten mich dazu, mein Hobby in die Tat umzusetzen. Da mein afrikanisch-inspiriertes Coaching gerade immer mehr Deutsche anspricht und ihnen hilft, habe ich mich auf Anraten einer Kundin entschlossen, meine Erfahrungen und Ratschläge in Büchern weiterzugeben.

Meine Begeisterung für alles, was mit Menschen zu tun hat ist fast selbstverständlich:

1. Seit 23 Jahren bin ich Vater und Erzieher von mehreren Kindern aus verschiedenen Kulturkreisen, dem afrikanischen und dem europäischen. Das macht für mich als Vater die Erziehung jedes Kindes anders und spannend, aber auch herausfordernd. Durch diese Kinder habe ich außerdem viele andere Kinder und Eltern kennengelernt.

2. Durch meine Erziehung habe ich gelernt, dass Werte und Persönlichkeit sehr wichtig sind. Mein Vater, der beruflich sehr aktiv war als Politiker und hoher Beamter des Landes, fand immer Zeit am Wochenende, um uns Geschichten zu erzählen und Lieder beizubringen. Wir saßen dann stundenlang im Dunkel auf der Wiese vor unseren Häusern (dem Haus der Eltern und dem Haus der Kinder) und hörten ihm zu, seine Geschichte hatte immer mit etwas zu tun, was uns

beschäftigte oder was uns als Individuum stärken würde. Er konnte aus einem Zitat aus der Bibel eine herzliche Geschichte erzählen. Diese Geschichten sind Jahrzehnte später immer noch in meinem Kopf. In Afrika sagt man, erst ein starker Mensch als Individuum macht eine starke Gesellschaft. Anders herum ist es ungesund. Die Gesellschaft wäre zwar stark, aber die Menschen darin kaputt und krank. Deswegen sollte jedes Kind seinen eigenen Weg suchen und finden und sich nicht immer dem Diktat der Allgemeinheit beugen. Alleine dastehen bedeutet nicht, dass die anderen Recht haben und auf Seite der Wahrheit stehen, nur weil sie viele sind. Du kannst Recht haben und sie alle nicht. Man sollte keine Angst haben, den Weg zu nehmen, den kein anderer nimmt. Man kann es Sonderweg nennen. Dein Weg aber ist der richtige für dich.

Die Kinder, sagte mein Vater, müssen mit Werten und Liebe zur Selbstständigkeit und Unabhängigkeit erzogen werden. Kinder müssen so erzogen werden, dass sie aus eigener Kraft das Gute vom Schlechten trennen können, erkennen können, was ihnen guttut, damit sie der Gesellschaft auch Gutes tun können. Die Kinder müssen so erzogen werden, dass sie glücklich sind und das Vertrauen haben, dass sie auch nach schwierigen Zeiten, die immer im Leben eines Menschen kommen, trotzdem weiter glücklich sein werden.

Solche Lehre begleitete mich und mit der Zeit war ich auch immer mehr davon überzeugt, dass das wichtig ist. Wir sehen in den westlichen Ländern, wie die Gesellschaft stark ist, aber viele Menschen schwach und krank sind.

In einer solchen Großfamilie musst du bestimmte Eigenschaften und Strategien entwickeln, um auf dich aufmerksam zu machen, ohne den anderen zu schaden. Vieles das dich sehr beschäftigt, passiert schon in sehr frühem Alter, unter anderem ist der Kampf um die Gerechtigkeit und Gleichheit zwischen allen Geschwistern gegenüber den Eltern sehr bedeutend. Da die Eltern nicht so viel Zeit für dich haben wie in einer Familie mit nur zwei Kindern, musst du sehr aufmerksam sein und manche deiner Probleme alleine lösen. Das bedeutet, dass du schon als Kind Philosoph, Psychologe und Therapeut bist.

Als ältester Sohn musste ich, nach der afrikanischen Kultur, schon sehr früh praktisch die Funktion eines Erziehers (hier Vater und Mutter) übernehmen. Dafür wurde ich auch speziell geschult. Das Beste dabei war, dass man die ältesten Kinder geschlechtsneutral ausbildete, damit sie gleichzeitig die Funktion von Papa und Mama übernehmen können. Das heißt, dass ich Papa und Mama bin, seitdem ich 10 war. Und heute freue ich mich sehr, diese Erfahrungen gemacht zu haben und dass ich die Chance hatte, meine jüngeren Geschwister mit zu erziehen und viel daraus für mich zu lernen. All das hat mir sehr bei der Erziehung von meinen eigenen Kindern geholfen. Aus diesen Erfahrungen habe ich sehr viel gelernt und viel Wissen gesammelt, das man kaum aus Büchern lernen kann.

3. Als Coach und Berater habe ich viele Menschen, Frauen, Männer, Paare, Kinder aus unterschiedlichen Kontinenten, Kulturen, sozialen und beruflichen Kreisen betreut.

Ich schreibe, wie ich bin. Ich schreibe vielseitig, weil mein Leben auch vielseitig ist und keinen "normalen und üblichen und planmäßigen" Weg, wie die Menschen ihn gewohnt sind, genommen hat. Das wollte ich auch nie so haben. Ich war und bin die Art von Mensch, die man üblicherweise Lebenskünstler nennt. Unkonventionell, frei in meiner Person und in meiner Denkweise, unabhängig von Etabliertem, das ich aber voll respektiere. Meine Werte sind Liebe, Gerechtigkeit, Verzeihen können, Kulanz, Optimismus, Freigiebigkeit, Verantwortung tragen, Freiheit mit mir selbst und mit anderen und dazu noch ein guter Vater sein.

Fast alle meine Bücher beruhen auf wahren Begebenheiten. Ich schreibe Bücher über moderne Themen, die die Menschen und die Gesellschaft bewegen, Bücher über schwere Schicksale, Tabuthemen, Ethik und Moral, über Erziehung, über das Glück. Ich schreibe auch Ratgeberbücher und Kinderbücher mit interkulturellem Hintergrund, da meine Kinder in interkulturellen Verhältnissen leben. Ich bringe Erfahrungen aus zwei unterschiedlichen Kulturen mit, die ich vereinen musste, um meinen Kindern das Bestmögliche zu geben.

Dieses Wissen und diese Erfahrungen waren für Menschen, die meinen Rat gesucht haben, stets eine große Bereicherung.

Meine afrikanisch-inspirierten Tipps und Tricks helfen in allen Lebensbereichen von Kindererziehung über Partnerschaft, Sexualität, Gesundheit, Ernährung bis zum Glücklichsein. Auch noch so harte Nüsse können weichgekocht werden und das alles mit Liebe, Geduld, Konsequenz und Gerechtigkeit. Dafür ist es sehr wichtig sich selbst zu kennen, zu lieben und sich selbst zum Glücklichsein zu erziehen.

Mein Schreibstil ist authentisch und angenehm zu lesen. Die Wortwahl ist einfach, unkompliziert, verständlich sowie deutlich. Meine Bücher sollen neugierig und nachdenklich machen und Spaß und Lust am Lesen wecken. Ich möchte meinen Stil unbedingt beibehalten, damit die Leser mich so kennen, so akzeptieren und durch ihn auch erkennen, dass ich kein gebürtiger Deutscher bin. Das ist mein Anreiz, auf Deutsch zu schreiben.

Lies meine Bücher, und du wirst verstehen, was ich über mich geschrieben habe. Gerne können wir weiter streiten, diskutieren und ausdiskutieren und Frieden schließen. Gerne lese ich auch dein Lob.

Meine Autorenseite ist: www.dantse-dantse.com,
E-Mail: Leser@dantse-dantse.com
Meine Coachingseite ist: www.mycoacher.jimdo.com,
E-Mail: mycoacher@yahoo.de

Über indayi edition

Aus einem Traum ist eine Idee entstanden und aus der Idee ist ein Verlag geworden: indayi edition, der erste FAIR Verlag!

**Fair zu den Autoren
faire Literatur
für eine faire Welt**

indayi edition wurde von Dantse Dantse 2015 in Darmstadt gegründet und ist somit der erste Verlag eines Migranten aus Afrika in Deutschland. Dantse kommt ursprünglich aus Kamerun und lebt seit über 25 Jahren in Deutschland, wo er auch studiert hat. Bücherschreiben ist schon lange seine Leidenschaft und mit der Zahl der veröffentlichten Bücher stieg der Wunsch nach einem eigenen Verlag, um seinem Stil und seiner unkonventionellen Art treu bleiben und unabhängig von Verlagsvorgaben und -regeln schreiben und veröffentlichen zu können.

Wir möchten unkonventionelle Literatur fördern. Alles was den Menschen helfen kann wird bei uns veröffentlicht, auch wenn es gerade kein Trendthema ist, oder sogar tabuisiert wird. Außerdem liegt uns Literatur von Menschen mit Migrationshintergrund am Herzen – ihre Erfahrungsberichte, Romane, Erzählungen, Rezepte, ihr Blick auf die Gesellschaft, auf aktuelle Fragen, auf „die Deutschen", ihr Humor und ihre Kultur. Unser Ziel ist es, Bücher herauszugeben, die der Verständigung zwischen den Kulturen dienen und die die Menschen dazu bringen, die Welt und sich selbst besser zu verstehen. Gute, unkonventionelle Bücher, die dem Mainstream nicht entsprechen, die aber Themen haben, die der Gesellschaft helfen.

Die Bücher von indayi sind anders

…weil wir Themen nicht oberflächlich behandeln, sondern den Sachen auf den Grund gehen

…weil unsere Autoren authentisch, einfach und leserlich schreiben und auf abgehobene Fachsprache verzichten

…weil wir uns für das Fremde interessieren, und versuchen es so darzustellen, wie es wirklich ist – ungeschönt und ohne Vorurteile, damit der Leser sich fühlt, als sei er mit dabei

…weil unsere Bücher Probleme lösen und den Menschen Halt, Hoffnung und Motivation geben und ihnen außerdem ein Lächeln schenken

…weil wir Menschen mit Migrationshintergrund eine Stimme geben

…weil wir die deutsche Sprache für Integration und Frieden zwischen den Kulturen nutzen

…weil alle unsere Kinderbücher von Kindern illustriert werden und nicht von Profis – so zeigen wir, wie Kinder die Welt und die Geschichten sehen

Wir wollen denjenigen eine Stimme geben, die sonst keine haben. Die Erfahrungen, Träume, Ideen, Fantasien, Weisheiten von Menschen mit Migrationshintergrund, ihre Einblicke in ihre Welt eröffnen uns neue, ungewohnte Sichtweisen und bereichern uns, genauso wie die Texte anderer, unkonventioneller, querdenkender Autoren.

indayi will Lustiges, Nachdenkliches, Philosophisches, Erotisches, Hilfreiches, Bewegendes, Berührendes, Wissenswertes, Spannendes, Unterhaltsames, Kontroverses, Streitbares, Erkenntnisreiches, Amüsantes, Erstaunliches veröffentlichen.

Besuche unsere Website: indayi.de

Abonniere unseren Newsletter, um immer auf dem Laufenden zu sein: https://indayi.de/newsletter/

Das Team von indayi edition!

DIFO - DANTSE IMMUN FORTE
Life & health protect energy sauce

Die therapeutische, magische Gesundheits-Sauce aus Ingwer, Knoblauch, Zwiebel, Chili und vielem mehr. Eine Sauce, die körperliche und psychische Krankheiten heilt und magisch schmeckt. Die wunderscharfe Sauce bekämpft sehr wirksam Krankheiten und macht außerdem schlank.

Eine echte Delikatesse zu Fleisch, Fisch, Käse, Weißbrot, Reis, Nudeln etc. Regelmäßig gegessen wirst du ein dauerhaftes Ergebnis und allgemeines Wohlbefinden verspüren. Diese Sauce sollte nicht mehr auf deiner Speisekarte fehlen! Sie wird auch nie mehr fehlen, sobald du sie das erste Mal probiert hast!

Möchtest du diese Sauce bestellen? Dann gehe auf www.mycoacher.jimdo.com! Mehr Info über DIFO – DANTSE IMMUN FORTE findest du in meinem Buch **Nutrazeutika** (ISBN 97839465581492).

Die DIFO-Immun-Formel trägt zur normalen Funktion des Immunsystems bei.

DIFO enthält Vitamine A, B und C außerdem Natrium, Calcium, Kalium, Magnesium, Silizium, Schwefel, Phosphor, Iod, Eisen, Zink!

DIFO schützt deinen Körper vor Krankheitserregern und hilft dir bei sämtlichen Erkrankungen **schneller gesund zu werden**. Damit dein Immunsystem stark bleibt empfehle ich DIFO®:

- Mit der einzigartigen „Vital-Formel" aus bewährten Pflanzen
- Mit der Kraft der Natur
- Enthält wichtige Mineralien, die Zellen vor oxidativem Stress schützen
- Enthält bereits die Tagesdosis an Vitamin C, A und mehr
- Enthält wichtige Aminosäuren

DIFO, die leckere therapeutische Sauce zur optimalen Stoffwechsel-Harmonisierung

Weitere Bücher des Autors bei indayi edition (Auszug)

Dantse Dantse

Am Anfang war
DER DARM Band 2

Erstaunliche, neue Erkenntnisse über den
UNTERSCHÄTZTEN HEILER

Den Darm
✓ reinigen
✓ regenerieren
✓ stärken
✓ heilen

leicht gemacht

**DAS MEDIZINZENTRUM
DES KÖRPERS**

Durch

basische, bittere
& ballaststoffreiche
Lebensmittel
pflanzliches Öl
Vitamin D
Sex und Bewegung
Tropenlebensmittel
Power-Smoothies

⇨ heilt Körper und Seele
⇨ stärkt die Psyche
⇨ macht glücklich
⇨ stärkt Potenz & Libido
⇨ formt die Persönlichkeit
⇨ entscheidet, wen du liebst

*afrikanisch
inspiriert -
wissenschaftlich
fundiert*

Jede Heilung beginnt im Darm
DNL die innovative therapeutische Ernährung für
eine sofortige und bleibende Darmgesundheit

Dantse Dantse

Am Anfang war
DER DARM Band 1

Erstaunliche, neue Erkenntnisse über den
UNTERSCHÄTZTEN ZERSTÖRER

Wie verursacht eine
gestörte Darmflora

✓ Depressionen
✓ Demenz
✓ Krebs
✓ Autismus
✓ Übergewicht
✓ Ängste
✓ negative Gedanken
✓ Lustlosigkeit
✓ Impotenz
✓ Sucht
✓ Unfruchtbarkeit

...und vieles mehr ?

**DER KRANKHEITSHERD
DES KÖRPERS**

*afrikanisch
inspiriert -
wissenschaftlich
fundiert*

manipuliert und
beeinträchtigt
⇨ Liebe
⇨ Gefühle
⇨ Gedanken
⇨ Persönlichkeit
⇨ Sex

Jede Krankheit beginnt im Darm
Wie Ernährung die Darmflora zerstört und
Körper und Seele krank macht

Dantse Dantse

Am Anfang war
DER DARM Sammelband

Erstaunliche, neue Erkenntnisse über den
UNTERSCHÄTZTEN CHEF

Alles über den Darm

⇨ was ihn zerstört
⇨ wie er Krankheiten
verursacht
⇨ wie er unser ganzes
Gehirn steuert und
manipuliert

*afrikanisch
inspiriert -
wissenschaftlich
fundiert*

⇨ wie er Krankheit &
Psyche heilt
⇨ wie er Persönlichkeit &
Leistung steuert
⇨ wie du ihn mit diesen
einfachen Tipps sanierst

Jede Krankheit beginnt im Darm
Jede Heilung beginnt im Darm

Dantse Dantse

Wer du bist, was du denkst und wie du fühlst entscheiden Coca-Cola,
Pepsi, Cornetto, McDonald's, Nutella, MüllerMilch, Hipp, Milka,
Miracoli, Pringle's, Pizza Margerita & Co. mit

VOLKS-
DROGEN

durch Irrlehre, Irrglaube, industrielle Manipulation zum
Junkie

ZUCKER-WEIZEN-MILCH-SALZ

legales Kokain für das Volk
wie sie

2 Wochen
intensiver Konsum
von Zucker, Weizen,
Milch & Salz:
Das ist mit mir
passiert!

• unser Gehirn manipulieren
• unseren Willen erzwingen
• unsere Gedanken steuern
• uns abhängig und süchtig machen
und so unsere Identität prägen

Dantse Dantse

EGO-ELTERN

Erziehungsfehler vermeiden - afrikanisch inspiriert

„Papa, Mama, lasst mich einfach Kind sein!"

Warum werden unsere Kinder immer
- **tyrannischer**
- **ängstlicher**
- **aggressiver**
- **antriebsloser**
- **überforderter**
- **depressiver**

und vor allem immer **unglücklicher?**

Wie Eltern diese Schwächen in Kinder einprogrammieren

nicht sehen · nicht hören · nicht reden

SÜNDIGE & GEHEIME FAMILIENSEXUALITÄT

Dantse Dantse

Im Namen der Liebe
ohne Gewalt
ohne Beweise
ohne Erinnerung

Subtiler sexueller Missbrauch in der Kindheit durch Mama und Papa

Eine unsichtbare Seuche unserer Gesellschaft mit verheerenden Folgen im Erwachsenenalter

Ein Tabu, das still und leise eine ganze Generation krank macht

Vielleicht geht es dir schlecht, weil du in der Kindheit missbraucht wurdest, es aber nicht mehr weißt!

BURNOUT-GENERATION
PROGRAMMIERT, UM VÖLLIG AUSZUBRENNEN

Dantse Dantse

Inklusive kleinen, einfachen Erziehungstipps, die deine Kinder vor Erschöpfung, Stress und Überforderung im Erwachsenenalter schützen

WIE BURNOUT-ANFÄLLIGKEIT UND ERSCHÖPFUNGSMENTALITÄT IN DER KINDHEIT EINGEPFLANZT WERDEN

Unwiderstehlich

Dantse Dantse

Das Merkel-Geheimnis

weiblich
und erfolgreich

Weiblichkeit ist Macht, Kraft und die stärkste Waffe der Frau

Weiblichkeit und Sexualität
Weiblichkeit und Orgasmus
Weiblichkeit und Männlichkeit

Weiblichkeit und Ernährung
Weiblichkeit und Beziehung
Weiblichkeit und Beruf

afrikanisch inspiriert

EINE ENTDECKUNGSREISE DURCH DIE POSITIVE MODERNE WEIBLICHKEIT

MIT VIELEN SPANNENDEN PERSÖNLICHEN GESCHICHTEN

Weitere Bücher von indayi edition
(Auszug)

Die Lust der Frauen neu erwecken

LIBIDO
POTENZ **BOOSTER**
EREKTIONS
FÜR **FRAUEN**
nur durch die Ernährung

Ohne Wenn und Aber
Diese Ernährungstherapie bringt
den Körper sexuell in Wallung

• Ausführliche Listen potenz-, lust- und orgasmusbooster Lebensmittel
• Wie ein gesunder Darm und positives Denken die Libido stärken
• Power Kochrezepte und die „magische Sauce" für eine starke Potenz und Lust
• Power Trink- und Smoothierezepte, die deine innere sexuelle Kraft entfalten

Frauen die Orgasmusmuffel

LUST
POTENZ **KILLER**
EREKTIONS
BEI **FRAUEN**
K.T.N. Len'ssi   nur durch die Ernährung

Schluss mit
dem Tabu
Die 16 Feinde der weiblichen Libido und
die 9 absoluten Potenz- und Erektionskiller
bei Frauen, die sie nie vermuten würden

• Warum westliche Frauen eine schwächere Potenz haben als Frauen in Afrika
• Ausführliche Listen potenz- und lustkiller Lebensmittel
• Wie ein ungesunder Darm und negatives Denken die Libido töten
• Power Koch- und Trink-Potenzkiller-Rezepte

Der Schock-Ratgeber über Impotenz
Das Buch, das die Potenzschwäche und die Erektions-
störung des Mannes radikal und drastisch erklärt

Iss, trink & denk dich
impotent und schlapp

Warum
EK-so oft zu klapp
macht und ES nur
wenige Minuten
klappt

EREKTIONS
& POTENZ
KILLER

Die
Verweiblichung
des Mannes

geheimes
afrikanisches
Wissen

Die 13 Feinde der Libido und
die 10 brutalsten Potenzkiller

Inklusive:
• Warum westliche Männer eine schwächere Potenz haben als Afrikaner
• Wie ein ungesunder Darm und negatives Denken Erektionsstörungen auslösen
• Ausführliche Listen potenz- und lustkiller Lebensmittel
• Power Koch- und Trink-Potenzkiller-Rezepte

K.T.N. Len'ssi

NO SEX

Flaute
im Bett
Keine Lust mehr auf Sex
kann man lernen!

Oder die Kunst, den Partner
sexuell lahmzulegen und die
Libido in der Beziehung zum
Erlöschen zu bringen

15 Männer
und Frauen
erzählen fabulos
von den
Geheimnissen ihrer
Sexualität

Die 20 erstaunlichen und
skurrilen Gründe, die
dazu führen, dass
die Lust stirbt...

403

DEUTSCHE SEXFANTASIEN
DEUTSCHLAND GEHT FREMD

Über 57 Anzeigen
mehr als 300 Antworten

K.T.N LEN'SSI

Was echte
SEXANZEIGEN UND ANTWORTEN
über deutsche Sexgeheimnisse verraten

DAS SUCHT UND ANTWORTET DEUTSCHLAND IM NETZ

• lustig
• spannend
voller Überraschung

EIN BISSCHEN SPASS MUSS SEIN
aber
IN SACHEN SPASS AM SEX KENNT DEUTSCHLAND
KEINEN SPASS

Larissa S.

❖ **DEPRESSION**
❖ **BORDERLINE**
❖ **ANGSTSTÖRUNG**
❖ **SELBSTHASS**

Sammelband

LARISSA ZWISCHEN HIMMEL & HÖLLE

LARISSAS ENTSCHEIDUNG LEBEN ZU WOLLEN

Tagebuch der
Selbstzerstörung und
der Hoffnung:
Das bewegende
Minutenprotokoll
31.01.-02.03.

Vier
Wochen
tiefe Einblicke
in die Seele einer
psychisch kranken Frau

Geschichten,
die therapieren

Polygamie oder Monogamie?
Treue oder Untreue?
Liebe oder Erotik?

So hältst du dein Sexleben am Brennen!

Sex-Tuning
auf afrikanisch -
ohneTabu!

Inkl. Tipps und
Tricks zur Potenz-
steigerung

Afrikanisch
inspirierter Sex- und Beziehungsratgeber

K.T.N. Len'ssi

Mit 15 spannenden Interviews, in denen
Menschen tabulos über ihr Sexleben sprechen

K.T.N. Len'ssi

SEX MACHT ENERGIE

Trump
Putin
Berlusconi
Macron
Clinton
Cosby
Wedel
Weinstein
Diana
Juan Carlos
Strauß
Brandt
Mao
Cäsar

Warum mächtige
Männer und Frauen
eine hyperaktive
Libido haben

Nicht nur zum Spaß
und gegen Stress:
Die geheime Macht der
sexuellen Energie

Pass auf, mit wem du schläfst!

Die sexuelle Energie deines Partners kann
über dein Pech, deinen Misserfolg oder
dein Glück, deinen Erfolg, deine
Gesundheit entscheiden

404